跨文化学导论

〔法〕金丝燕 著

商務印書館
创于1897 The Commercial Press

图书在版编目（CIP）数据

跨文化学导论 /（法）金丝燕著 . — 北京：商务印书馆，2022
ISBN 978－7－100－21285－4

Ⅰ. ①跨⋯　Ⅱ. ①金⋯　Ⅲ. ①文化学　Ⅳ. ① G0

中国版本图书馆 CIP 数据核字（2022）第 100615 号

跨文化学导论

〔法〕金丝燕　著

商　务　印　书　馆　出　版
（北京王府井大街 36 号　邮政编码 100710）
商　务　印　书　馆　发　行
北京新华印刷有限公司印刷
ISBN 978－7－100－21285－4

2022 年 9 月第 1 版　　　　开本 880 × 1230　1/32
2022 年 9 月北京第 1 次印刷　　印张 5⅛

定价：38.00 元

目　录

导论　跨文化学的时代背景

近世以来，中国与西方三次相遇。

第一次相遇，从传教士来华开始，以“礼仪之争”结束。第二次相遇，从“鸦片战争”开始，以闭关结束。第三次，从改革开放开始，未来尚未可知，它的命运握于各方参与者手中。

人类的历史进程千姿百态，归结起来，一如《犹太智慧书》（传道书，第三章）所说：“万事皆有时机，万物各有节律；一时投石，一时拾石；一时寻找，一时失落；一时保留，一时抛弃”。

“我”与他者的相遇，有两种态度。第一种态度是着力在他者身上寻找相同点，第二种态度则是寻找他者与自己的不同点。中西相遇的历史是这两种态度的生动演绎。

一、中西第一次相遇

中西近代第一次相遇，始于传教士进入中国。[①]万历三

① 古代，传教士进入中国，最早在唐太宗贞观九年（635），大秦国（波斯）的阿罗本带基督教经书至长安，房玄龄迎入，唐太宗李世民接见，遂有景教。会昌五年（845），唐武宗禁止佛教等其他宗教，基督教在中国首次被禁传播。唐宣宗大中四年（850），重开教禁。1012年色目人来华，景教再次发展。1265年意大利天主（转下页）

年（1575），奥斯定会西班牙籍修士马丁·德·拉达（Martín de Rada，1533—1578）在厦门登上中国大陆。

万历十年（1582），罗明坚（Michele Ruggieri，1543—1607）和巴范济（Francesco Pasio，1554—1612）被允许在广东肇庆定居并传教。第二年（1583），利玛窦（Matteo Ricci，1552—1610）抵达肇庆。万历二十九年（1601），利玛窦、庞迪我（Didace de Pantoja，1571—1618）进京觐见明神宗，获准在京永驻。

耶稣会士抵达中国，在传教的同时把中国介绍给西方。传教士中，耶稣会士所作的介绍中国文化的努力最大。他们的重点，在寻找西方与中国可能的融合点，如1601年，利玛窦抵京，他理解并容许中国教徒继续遵行祭天、祭祖、祭孔的传统。他论证“天”和“上帝”，认为中国人所说的“天”本质上与天主教所说的上帝为一体，祭奠祖先与孔子，则是中国人对先人和哲人的追思仪式，与信仰无关，不违反天主教教义。他的《天主实义》，以及皈依天主教的儒士严谟（教名保罗，Paul）所著的《天帝考》都可以体现这一点。严谟在中国古代儒家经典中找出65处有“天”和“帝”的段落，以论证天主教的上帝与中国“天”“帝”的异同，并推断中国古代的“天”和“帝”就是西方的上帝。这种寻找相同性的努力使耶稣会士比较平和地得到中国的认可并融入中国，在中国与西方的接触中起到非常重要的作用。中国方面，在历法、天文、数学等学科，通过传教士开始与欧洲交流。然而，耶稣会的这种努力受到巴黎

（接上页）教徒尼古拉·波罗和马飞奥·波罗兄弟抵达元大都（今北京），受元世祖忽必烈接见。他请罗马教廷派传教士来元帝国。1289年，罗马教宗尼古拉四世派遣天主教方济各会神父、意大利人孟高维诺（1247—1328）为元大都的主教。他1294年入元大都。元末，基督教再次中断在华传教。

索邦大学神学专家们的质疑。1704年，罗马教会颁布禁止中国天主教信徒祭祖的法令，1723年，雍正皇帝颁令禁止天主教在华布教，第一次中西相遇在“礼仪之争”中中断。①

中国在第一次相遇中的态度，首先是在被动接受的前提下逐步开放。以康熙皇帝为例。他在罗马教廷反复禁令的情况下，仍然派遣使者去教廷沟通，多次接见教廷使者，试图说明中国祭祖祭孔活动与基督教信仰并不冲突。虽然他表现出很大的耐心和宽容，但对欧洲发生的“中国热”没有太大的兴趣。

而在当时的欧洲，自16世纪始，中国与古希腊是两个遥远的“理想国”参照系。古希腊代表的是历史上遥远的欧洲文明起源，中国代表的是地理上遥远的当代文明。当时欧洲人心中的中国形象是：如此先进、不迷信、不教条、物质丰富、理性的非一神的文明。

在向欧洲本土介绍中国文化的热潮中，传教士把翻译儒家经

---

① 1610年，利玛窦去世，意大利传教士人龙华民接任中国耶稣会总会长。尽管被利玛窦推荐为他的继任，龙华民却不赞同利玛窦的传教方法，引发“礼仪之争”。他于1597年（万历二十五年）进入中国，主张废除“天”“上帝”“天主”等词，依然用罗明坚的译音，将上帝音译为“陡斯”。

1631年，传教士多明我会（Dominican Order）的高奇神甫从菲律宾抵福安，开始在华传教。其接任者黎玉范（Juan Bautista Morales，1597—1664）神父向教廷报告，批评耶稣会对中国祭天、祭祖与祭孔的理解与容忍态度。罗马教廷开始介入。1643年，多明我会黎玉范返欧，向罗马教廷提出关于中国传统礼仪的著名十七问。

9月12日，罗马教廷经教皇英诺森十世批准，发布通谕禁止天主教徒参加祭祖祀孔，1656年，教皇亚历山大七世决定准许耶稣会士照他们的理解参加祭孔等活动，只要不妨碍教徒的根本信仰。

1687年，法国国王路易十四派遣的国王数学家、耶稣会士洪若翰、李明、张诚、白晋、刘应来到中国。其中四人赞成“利玛窦规矩”。刘应反对。

1704年11月20日，教皇克莱门特十一世（Pope Clement XI，1700—1721）发出中国天主教徒禁止祭孔祭祖的禁约。

1721年（康熙六十年），康熙皇帝颁令禁止天主教在华传教。

典作为进入中国文化和政治的要务，经过罗明坚等传教士开始的几代人130年的努力，对中国的介绍始具规模。1711年，比利时传教士卫方济（François Noël，1651—1729）的拉丁文全译本《中国六大经典》（*Sinensis Imperii Libri Classici Sex*）在布拉格出版，包括《大学》《中庸》《论语》《孟子》《孝经》和《小学》。法国耶稣会传教士杜赫德（Jean-Baptiste Du Halde，1674—1743）的著作《中华帝国志》（*Description géographique, historique, chronologique, politique et physique de l'empire de la Chine et de la Tartarie chinoise*, BNF）于1735年在巴黎出版，其中对卫方济的书有介绍。《中华帝国志》于1741年、1749年和1774年分别由英、德、俄三国翻译出版。1736年英译本初版为节译本，1741年出全译本。《中国六大经典》的法译本《中华帝国经典》（*Les Livres Classiques de l'Empire de la Chine*）由布鲁盖（François-André-Adrien Pluquet，1716—1790）翻译完成，于1783年至1786年分七卷出版。1740年，法国耶稣会传教士刘应（Claude de Visdelou，1656—1737）所译《书经》（*Le Chou-king ou le Livre par excellence: les Se-chou ou les Quatre livres moraux de Confucius et de ses disciples*）在巴黎出版。他的《中庸》（*De perfecta imperturbabilitate*）拉丁文译本，与《书经》译本手稿藏于梵蒂冈图书馆。1728年，法国耶稣会士马若瑟（Joseph de Prémare，1666—1736）用拉丁文写成《汉语札记》（*Notitia Linguae Sinicae*），并于1831年出版。[①]1732年，马若瑟把元代纪君祥杂剧《赵氏孤儿》译成法文，题为《中国悲剧赵

① "Quaesta xvii a Fr. J.B. de Moralez, missionum sinarum procuratore, proposita Romae 1643 S. Congreg. de Prop. Fide"（Rome, 1645）；参见张西平："清代来华传教士马若瑟研究"，《清史研究》2009年第2期。

氏孤儿》(*L'Orphelin de la Maison de Tchao*)。

除了经典的翻译外,法国传教士对中国的农业文明也很关注。法国耶稣会士金济时(Jean-Paul-Louis Collas,1735—1781)最早比较系统地用书简的形式将中国农业结合天文知识介绍到欧洲。

从1582年罗明坚和巴范济被允许在广东肇庆定居并传教,1583年利玛窦抵达肇庆,1601年利玛窦、庞迪我进京,到“礼仪之争”中失败遭到禁会并被解散,耶稣会士把西方的信息和先进的科学知识引进中国。同时,他们努力深入了解中国,不断向西方介绍他们所认识的中国,写下大量书简。因此,他们在16至18世纪中西第一次相遇中起到极为重要的作用,他们的著作与书简是当时欧洲人了解中国的主要窗口,也是欧洲汉学的起步。

正是这些传教士的写作,使中西相遇不至于因为“礼仪之争”的相互禁教而终止,文化的交流已经深入,17、18世纪在欧洲形成历史上著名的“中国热”。德国社会学家沃尔夫·勒佩尼斯(Wolf Lepenies)在法兰西学院讲座并出版的《何谓欧洲知识分子——欧洲历史中的知识分子和精神政治》一书中谈到,18世纪的欧洲是人化自然的时代。①中国崇尚自然与儒家道德治国并重的文化正好可以回应欧洲的期待。17世纪下半叶至18世纪上半叶的欧洲启蒙运动中心在法国。法国百科全书派思想家从传教士的书信中了解中国。他们欣喜地发现,中国为自然神论国家,以儒家的道德思想治国。法国启蒙思想家因此开始崇尚儒家的“德治”。

法国学者霍尔巴哈(Paul-Henri Thiry, Baron d'Holbach,1723—

① 参见〔德〕沃尔夫·勒佩尼斯《何谓欧洲知识分子——欧洲历史中的知识分子和精神政治》,李焰明译,广西师范大学出版社2011年版,第247页。

1789）把“中国这个世界上唯一的将政治与伦理道德相结合的国家”视为欧洲各国的治国典范，提出像中国那样“德治”。狄德罗（Denis Diderot，1713—1784）推崇儒学，认为“只须以理性和真理，便可治国平天下”。中国在这些启蒙运动的思想家眼里是理想的善治坐标，是欧洲未来的模式。

在“中国热”风行欧洲的18世纪，有一位法国年轻思想家作冷眼观。那就是写《波斯人信札》（*Lettres persanes*）和《论法的精神》（*De l'esprit des lois*）的孟德斯鸠（Montesquieu，1689—1755），他对中国的密切关注约始于1713年与中国青年黄日升（译名黄嘉略，法语名Arcade Huang，1679—1716）的对话交往，以及1729年在罗马与耶稣会士非主流派傅圣泽（Jean-François Foucquet，1665—1741）神父的相见及多次谈话。①在孟德斯鸠眼里，中国是专制国家，人民没有自由，不是改造欧洲的正面参照系。这一观点直到他1755年突然辞世，都没有改变。

16至18世纪的中西第一次相遇，中国作为西方遥远的“理想国”形象得以建立。18世纪的启蒙运动推动西方出现“自我”主体意识，无论西方传教士与知识分子对中国持何种态度，中国都是西方想象中一个使人莫名其妙却很有吸引力的“他者”，一个儒家的乌托邦。它的儒学对西方哲学家洛克（John Locke，1632—1704）、康德（Immanuel Kant，1724—1804）、卢梭（Jean-Jacques Rousseau，1712—1778）等都产生影响，而“礼仪之争”也对中国儒学产生冲击。

① 参见René Étiemble, *L'Europe chinoise: De la sinophilie à la sinophobie*, Paris: Gallimard, 1989, tome II, p. 65。

二、中西第二次相遇

在16世纪的文艺复兴运动和18世纪的启蒙运动中，欧洲的眼光投向欧洲以外。与东方的商业交往和宗教活动，使欧洲的"自我"主体意识开始不满足于往来东方的冒险旅行家、商人与传教士的转述，欧洲出现进入遥远国度的渴望，其中包括对商业与财富的渴望。最早通往东方的航线是1498年葡萄牙人瓦斯科·达·伽马（Vasco da Gama，约1469—1524）从里斯本经南非好望角抵印度的航线。1510年在印度最小的邦国果阿建立第一块殖民地。

关于欧洲殖民史的分期，西方学界争论热烈。第一种观点以《大英百科全书》为代表，认为1450年至1763年为殖民主义的前期，1763年至今为殖民主义的后期。英国殖民史专家费尔德豪斯（David K. Fieldhouse，1925—2018）将殖民史分为三段。他认为1500—1815年为第一阶段，1815—1845年为第二阶段，1845年至20世纪80年代为第三阶段。

19世纪中叶，也就是欧洲殖民的前期或第二阶段，1840年的鸦片战争敲开中国大门。此时的西方，不再满足于遥远地想象那个莫名其妙却很有吸引力的"他者"，那个儒家的乌托邦。他们要向中国输出各自的文化模式和经济模式，把中国纳入他们的经济市场体系。但此时的中国仍然是重要参照系。

这一次中西相遇，中国处于守势：被惊醒。第一次相遇中的不在乎不管用了。中国不得不向西方学习，以图革新与革命。中国在第二次相遇中的态度是务实、被动、卑微，但仍然自大。一切西方的东西，只要不危及政体，均要拿来。科学技术、文学、教育、哲学、经济、军事全方位地接受。这样的接受情形，表明中国没有与西方对话的平等心态，与“他者”的关系不是平等的。如果说第一次中西相遇是西方在文化和宗教上走向中国，那么第二次相遇是西方在经济和军事上进入中国，中国被迫面对西方并走入西方。中国成为西方“自我”认同与扩张的假设对象，成为进步与自由的反面。第二次中西相遇就这样在不平等和中国几乎否定自己的历史和文化中进行。然而，中国文化精神在历史上不曾接受殖民。中国在一定程度上丢失了自我，但也没有归化而成为“他者”。中国的尴尬与矛盾就这样在民族主义与西化的反复交替中体现出来。这两种思潮其实是一个钱币的两面，它们的根源都是没有平等的对话精神。

中国文人和受他们影响的执政者们坚信只有向强大的西方学习方能强大自己。如何学习西方呢？这是第二次中西相遇中中国始终在问的问题，在第一次相遇中并不存在。在这样的历史背景和精神状态下，第二次相遇经历了三个阶段：第一阶段，以洋务运动（1860—1894）为代表，口号是“师夷长技以自强”。在本土建立军事工业为学习西方之首要任务。同时，由留美学生容闳（1828—1912）倡议，在洋务派领袖曾国藩（1811—1872）、李鸿章（1823—1901）的支持下，清政府分四批派出共120名青少年学生赴美留学。1895年甲午战争结束，北洋水师全军覆没，标志洋务运动失败。

中国知识分子痛切感到向西方学习军事、工业科学技术不足以强国，必须走政治体制的改革。中西相遇在这样的背景下进入第二阶段，戊戌变法（1898年6月11日—9月21日），以康有为

（1858—1927）为代表的维新派希望推动光绪皇帝，让中国学习西方的科学文化，改革本国政治、教育制度，发展农、工、商业。从康有为1902年避难时写下的《大同书》中，读者可以清晰地看到儒学、基督教、佛教、达尔文进化论、柏拉图（Plato，公元前427—前347）的共和国与法国空想社会主义者傅立叶（François Marie Charles Fourier，1772—1837）、罗伯特·欧文（Robert Owen，1771—1858）的影响。戊戌变法的失败标志中西第二次相遇所激发的政治改革也不成功。

仅仅几年后，20世纪初，一批年轻的中国知识分子出现了，他们比前代的改革家们更决然：新文化运动。走文学的道路，用文学改变人的思想，拯救中国。1915年陈独秀创办《青年杂志》（1916年改名为《新青年》）。《新青年》的译者，大多是新文化运动、新文学运动的倡导者，他们翻译介绍外国文学的目的，是希望引入新思想、新文学，借以打破中国文化思想停滞不前的局面，并作为我国新文学的楷模。

从《新青年》对外国文学的接受情形看，这些新文学的楷模各有其用。小说方面，俄国的译作居突出地位，接受者们认为俄国的国情与中国相似，而俄国的小说在反映社会上尤为出色。瞿秋白（1899—1935）在1920年3月写的《俄罗斯名家短篇小说集序》中写道：

> 俄罗斯文学的研究在中国却已似极一时之盛。何以故呢？最主要的原因，就是：俄国布尔什维克的赤色革命在政治上、经济上、社会上生出极大的变动，掀天动地，使全世界的思想都受他的影响。大家要追溯他的原因，考察他的文化，所

> 以不知不觉全世界的视线都集中于俄国，都集中于俄国的文学；而在中国这样黑暗悲惨的社会里，人都想在生活的现状里开辟出一条新的道路，听着俄国旧社会崩裂的声浪，真是空谷足音，不由得不动心。因此大家都要来讨论研究俄国。于是，俄国文学就成了中国文学家的目标。①

这里，俄国文学指的应该是俄国的小说。因为从《新青年》（1915—1921）及《小说月报》（1921—1925）两个杂志的文学接受情形看，对俄国戏剧与诗歌的翻译介绍远远不及对俄国小说的翻译与介绍。俄国小说被中国接受者作为新文学的楷模。

20世纪的中国经历了怀疑、否定自己文化的世纪。在与西方的相遇中，中国最终选择了启蒙思想、达尔文进化论和马克思唯物主义辩证法。第二次中西相遇的外部背景是，欧洲建立民族国家、发生工业革命，科学主义与革命、乌托邦社会主义三者结合。中国内部空间出现强烈的现代化需求。中国进入“他者认同”。在中国，西方市场经济与中国的儒士思想发生冲突，而欧洲的民权、共和、现代性文学则与中国新文化与新文学结合。引进西方思想模式，直接影响中国知识分子的思想和人文研究方式，以概念迁徙论题框架为例。中国知识分子挪用西方批评体系——结构主义与解构主义，超现实主义的自动写法和德里达的“差延”理论——作为分析工具，而对中国文字的占卜性起源与西方神学性背景下发展的语言体系尚未有深入比较研究，借用西方的概念而没有探究这些

① 转引自陈玉刚主编《中国翻译文学史稿》，中国对外翻译出版公司1989年版，第113—114页。

概念在西方文化传统中的本义及其演变。同时，新文化与新文学运动中的中国知识分子忽视从中国历史典籍的传统批评方法与西方批评体系的相遇中发掘生成性对话的可能。

与中国这一弃绝传统的态度相反，中国文化在欧洲知识分子眼里，仍然是遥远的理想参照。这一参照的作用，到1960年代达到高潮。中国在经过洋务运动与戊戌维新两种尝试后进入新文化运动，从本质上看，这是从科学技术与政治的逻辑中走出，再次与第一次相遇会合，继续从文化的内在性与外在性相合的层面去企及互识。

三、中西第三次相遇

20世纪下半叶，欧洲知识分子开始重新审视18世纪启蒙运动对西方的影响，并对"善"之帝国和社会乌托邦提出质疑。[①]欧洲对"他者"（包括自然、生物）的态度发生了变化。这是继启蒙运动以来欧洲第二次以批判的态度审视自己。这种自我批判的态度很可能从思想上影响到"柏林墙"的倒塌和冷战的结束。

中国知识分子非常关注欧洲知识、思想界的这一动向。当"他者"与"我"由对立面转到对话者，真正的相遇才开始。一切取决于相遇者的态度。

20世纪是在举世进入狂念下伸延和结束的，无论西方还是中国。这种对未来的憧憬不仅是文学乌托邦和社会乌托邦的根源，亦是当代文学批评理论浪头不断的风源。法国文人蒙田在其《随

① Montaigne, *Essais*, I, Paris: Gallimard, 1965, p. 62.

笔》中论道：

> 我们从来不曾在自己的家园，我们总是在外。恐惧、欲望、希望把我们抛向未来，使我们回避对现实的感觉和思考，而执迷未来，甚至在我们不复存在之时。①

对未来的憧憬使中国文学批评与理论自第二次相遇直到今天的第三次相遇，极力追踪西方，迅速且尽可能多地翻译西方研究论著。中国的接受者希望这个在地理、历史与文化上均为“别处”的西方能够给中国现代化思想体系的建立和未来提供借鉴或道路。

“跨越比较”意味着把研究的重点放到思考文化的互动性上。跨文化研究学科建设的思路来自中国。2008年在南京大学召开的《跨文化对话》十周年纪念国际讨论会上，中方学者提出跨文化研究学科建设的想法，旨在梳理中国跨文化研究的历史和方法。这一想法源于一种文化使命感的意识：文化殖民的危险远远大于经济和军事殖民。而一个文化的生命力，植根于它与世界的平等对话和互动之中。跨文化研究学科建设中的中国经验对世界是重要的。

20世纪80年代初期，中国再次广泛引进西方理论：精神分析、符号学、文体学、结构主义语言学、阐释学。一大批西方思想家、批评家，尤其是法兰西学派成为中国批评界的参照系，主导话语。

“九叶派”诗人、文学批评家郑敏论道：

① 参见〔法〕金丝燕“世纪的乌托邦：解脱与依恋——兼论二十世纪中国文学的参与”，乐黛云、〔法〕李比雄主编：《跨文化对话》第11辑，上海文化出版社2004年版，第73—105页。

> 对于长期被传统的古典主义、浪漫主义和前期现代主义（包括新批评、结构主义）所占领的大陆文评界，后结构主义的这种立论所造成的灾难几乎是一场地震。[①]

我们的问题是为何西方当代理论，除了20世纪40年代的新批评、50年代的现实主义和80年代的结构主义，其余理论架构如后现代与解构主义理论似乎均远离中国批评思想体系？两种思想体系有无对话的可能？

以后现代在中国为例。1984年至2003年，约有1649种论著[②]问世，但如此众多的批评作品在两种批评体系的对话上几乎无话可言。

法国内批评法即文本分析内批评中的结构主义方法，凸现语言、叙述者与叙事之间的关系。从文本到文本互涉性（文本），从经验性个体到自我的主体性（叙述身份），从记述真实到真实记述（时间），从自我的主体到词语的创造性（内在读者），从词语创造性到词语的解构（写作语言），从词语的创造性到自我的分裂（视角），这些角度对中国当代文学批评有直接的影响，而在叙述时间和叙述语言上，由于中国语言的特殊性，内批评方法不适用于中国当代文学作品。

外批评方法，即作品、作者、读者互动历史研究，此类批评属传统文论，受法国泰纳（Taine）的影响很大，可能是因为中国文论传统的关系。泰纳文论在20世纪20—80年代是新文学批评的主

① 郑敏："20世纪大陆文学评论与西方解构思维的撞击"，王岳川主编：《中国后现代话语》，中山大学出版社2004年版，第239页。

② 统计数据取自王岳川主编：《中国后现代话语》。

要理论借鉴之一，而另一类影响中国至今的西方文论是20世纪40年代进入中国的“新批评”和20世纪70年代末走红的结构主义叙述学。2005年6月，在中国香港出版的文学杂志《今天》由欧阳江河主持一个名为“细读诗歌”的专栏，新批评的影子清晰可见。因此历史的和文本的批评在中国都有空间，且互不冲突。

中国当代文学批评除了从文本的角度进入外，还可以从历史的角度进入。它的研究旨在重组被社会、道德、冲突、断裂、革命打上深刻烙印的文学史。中国文学批评在方法和理论上并不匮乏。中国自1917年的新文学运动和1979年的改革开放以来，引进西方文论与文学批评方法，无论就翻译速度、出版数量还是质量而言，恐怕在世界上都首屈一指。

整体文学批评，即文本，泛文本与文学演变。泛文本（或译成“广文本”）研究是法国当代文本批评家热拉尔·热奈特（Gérard Genette）在他发表于1987年的著作《定限》（*Seuils*）中提出的一个新的文学史和文学研究范畴，分两大类：一类是周边文本（péritexte），第二类是外延文本（épitexte）。后者包括两种，一是公共外延文本，如出版广告与介绍等文字、公众的反应、媒体与媒介、访谈、讨论会、辩论、作者的自我解释等；二是私人空间的外延文本，如信件、口头表述与坦言、日记和草稿。中国新文学史批评研究有意无意地多少涉及泛文本研究，只是泛文本批评尚未成体系。

我们在跨文化研究中有意识地运用三种不同的批评方法，即内批评、外批评和整体批评。这三种方法的历史、观念和关注点各异，但面对的事实则是同一个：文化何为？文学何为？跨文化研究何为？

第一章　跨文化学的缘起

20世纪90年代初，在文化与文本研究领域，一种并非为主流的文化相遇批评视角在美国和欧洲出现。该批评视角重视区分文化相遇中的两种解释模式：冲击–反应（choc-réaction）、接受–选择（réception-sélection）。由此而产生两种批评模式。

法国汉学家汪德迈为代表之一。他提出要在研究中区分“忍受的文化”和“选择的文化”（la culture subie et la culture choisie）。①这涉及对本文化和对“他者”文化的态度。

冲击–反应型的文化接受，其性质是忍受性的，是“忍受的文化”。忍受的文化由文化交流比较直接相碰的要素沉积而成。研究者重视的是受他者冲击而产生的反应。忍受的文化的特征是重力大于活力，受者需要借助给予者的力量“得到”活力。

接受–选择型的文化接受，其性质是选择性的，是“选择的文化”。选择的文化是那些竭尽全力挣脱忍受的文化的人所创造的文化，他们寻根溯源，在各文化的产生中寻找令他们感兴趣的东西。在这个层面上，接受研究领域里关于异托邦的研究有意义。

文化批评，存有两种不同的视角。一种是基于相同性的观点，

---

① 参见〔法〕汪德迈“我之汉学研究的方法论问题”，张新木译，乐黛云、〔法〕李比雄主编：《跨文化对话》第23辑，江苏人民出版社2008年版，第209—214页。

即从各文化的相同性出发，寻找相同点，以此为基点，凸显文化的独特性。

另一种是基于相异性的观点，认为研究文化相同性与共同背景无助于对他者文化与人类经验的认识，应该从各文化的相异性出发，去捕捉差异、对比差异，解释产生差异的起源。比如中国文字何以与西方文字不同？其对思想模式的形成有怎样的影响？中西文化的分歧起源何在？中西文化相遇何以可能？中国文化与其他文化之间存在何种异托邦现象？

第一节 跨文化学的定义

跨文化领域的文化相异性研究，包含冲击抑或接受的两种解释模式、忍受抑或选择的两种基本态度、相同性抑或相异性的两种视角。反应理论面对的是忍受的文化这一现象。接受理论与期待视野研究（horizon d'attente）是研究选择的文化所产生的异托邦现象。冲击–反应还是接受–选择，这个问题涉及人文学科一些研究领域，属比较文学范畴。而跨文化研究作为一个新的学科，它的视点不在国别文学或区域文学，尽管国别文学与区域文学本质上不同。国别文学是19世纪民族国家的产物，区域文学显示了一种与国别文学反向的趋势，一种解构的努力。跨文化研究的思路可以用“文化异托邦”（hétérotopie culturelle）的命题提出，即对文化的相异性、生成性对话的形态进行研究。

首先是跨文化研究的定义问题。跨文化研究是一个平台？一个学科？一种方法？一种态度？一个运动？一个文化批评的新学科？目前对此，批评界各有观点，莫衷一是。

在具体研究方法上，则有规则可循。首先是大框架，历时性（diachronique）与共时性（synchronique）同时进行。其次是多种批评理论并用，如接受研究，文本、泛文本、文本生成性批评，史学批评，社会学等。文化相异性是跨文化研究的平台。纵向：本文化与至少另一种文化的历时性角度，横向：本文化与至少另一种文化的共时性角度。文化身份在这样的对比和冲撞中逐渐显现。文化身份不是一个身份证件，它是一个活动的、难以圈定边界的进行时。

无论何种文化相遇，采用何种批评方法，在法国，跨文化研究与其他人文学科的研究相同，通过案例研究进入，可以是多方位的。如用内部批评法（approche interne），即文本批评；外部批评法（approche externe），即历史性、环境、泛文本；总体批评（approche totalisante/totalitaire），即影响、平行、接受（反应、期待视野）；或外部批评和总体批评相间。后一种方法容易与中国古典批评的期待视野相合。

内部批评法在解释中国文本方面需要作出特殊的努力。言特殊性，是因为文本批评的构成要素——文字在字母形体与汉字形体上的根本区别导致批评方法的根基彻底不同。引进从字母形体的根基中生长出来的理论并直接施用于汉字为形体的文本，是否可行？

作为中国新文学批评的借鉴，西方新文论（今日西方学界称之为“理论”）在根基上不断变形和裂解，在范畴上混淆和模糊思辨模式。理论频繁交替，难以掌控，故人多以“危机”名之。中国新文学批评在这样的历史背景下形成和生长，对西方文论的追随不改初衷，因此自然受到，或更确切地说，热切地投身于狂念的涌动。

以单一批评方法去应对这种打破疆界和分野的繁杂的文学批评，已经不可能。如何进入其间而又跨越其界，如何在中国与西方语言创作文论关系各异的前提下思考这些文学批评理论和方法，在交叉中寻找突破和补充，这是第三次中西相遇中，关注文化间对话的人们提出的一个问题。20世纪80年代，结构主义继20世纪40年代"新批评"以来第二次狂飙中国批评界。中国批评家们希望借西方的理论在创作与批评之间达到结构主义非凡的模式及其科学的构建与用途。①中国本身的文学批评体系被置于一边。但中国批评家们不曾料到他们面对的西方批评理论体系的语言基础与中国占卜起源的文字完全不同。②他们面临的不是对话是否可能的问题，而是对话如何在两种本质上不同的语言体系之间进行的问题。这一"之间"非同小可。一边是以神学为背景的被启示性文字，另一边是因占卜而产生的启示性文字。③一边是拆解文字而获取文字后面的圣言，一边是与文字相遇，相遇产生创造。

---

① Jean-Claude Milner, *Le Périple structural. Figures et paradigme*, Paris: Seuil, 2002, p. 217.

② 〔法〕汪德迈："从文字的创造到易经系统的形成——中国原始文化特有的占卜学"，乐黛云、〔法〕李比雄主编：《跨文化对话》第28辑，生活·读书·新知三联书店2011年版，第183—192页。

③ 〔法〕汪德迈："启示性文字与被启示的文字——与《圣经》阐释学相对立的儒家注疏"，〔法〕金丝燕译，乐黛云、〔法〕李比雄主编：《跨文化对话》第22辑，江苏人民出版社2007年版，第10—15页。

第二节　跨文化学的意义与方向

以字母形式出现的西方文本批评理论起源于古代《圣经》阐释传统，即在文本的本义与表面文字语义之间造成裂变，以使本义显露出来。形象原型说是这一阐释学传统的极致。文本本身是一个工具，是神启借用的工具。神启不可能属于文本的的编撰者，后者只是前者的符号，而且是前者永远词不达意的拙劣符号。阐释的价值和意义就在于如何通过拆解文字而企及文字背后的意思。这种文字/文本/作者的三层互为解构的关系充分体现在德里达的文本阅读中。在德里达的批评里，能指和所指（词义）之间的联系被打破或完全消失，这是19世纪马拉美（Stéphane Mallarmé，1848—1898）诗论的一次生动的实践，也是建立在阐释学、诗学与修辞学基础上的传统批评的一种新尝试。19世纪以前在很长的历史时期内，阐释学、诗学和修辞学是西方教育的三大支柱。19世纪的发明之一是学科的极度细化。

具有占卜功能并为儒家经典所重的中国书写语言，是以文字本体为特性的启示性文字，[①]通过书写和注疏把本义与文字紧密结合，由此产生的中国阐释学注重文字本体。作者力图释出书写语言本身的力量，尽量使表意文字揭示事物隐秘性和启示功能。正

---

① 参见汪德迈先生的文章《占卜与占卜的理性主义》（Divination et rationalisme divinatoire, publié dans *Le mythe: pratiques, récits, théories, volume 3: Voyance et divination*, sous la direction de Bertrand Méheust et al., Paris: Economica, 2004, pp. 23—40）。

是中国文字与占卜一脉相承的关系，创造出中国独特的语义学。由于西方文字的神启功能和中国表意文字的微言大义的使命，西方与中国的文学批评的根基完全不同。破解性诠释和注释性训诂形同陌路。前者在字外寻找寓意的超验性，后者从语义学的角度去解析文字。中国文本/文字/作者之间建立了一种对话，一种以词义无限伸延而非破解为特征的互文性。因此，在引进以破解文字为特性的西方文学批评理论去分析以词义无限伸延为特性的中国文本时，我们关注的是如何不被批评理论的术语和历史现象所诱惑而直接深入探讨文化的相异性，这是跨文化研究的任务。我们已经进入跨越比较的时代。

跨文化研究从文化的相异性出发，探究不同文化对“他者”的期待视野。该学科的研究方法之一是建立期待视野史料学。期待视野研究属于接受研究范畴，为一种案例研究（étude de cas）。以法国索邦大学2004年推出的法国外国文学翻译史国家研究项目为例。该计划负责人是比较文学教授伊夫·谢夫莱尔（Yves Chevrel）和皮埃尔·马松（Pierre Masson）。参加人员为法国与欧洲比较文学学者。该计划分为17、18、19、20世纪四个时间段。接受研究中，史料收集工作是长期艰巨的工作，必须有研究团队的协作。如中国当代学者对早期中国新文学期待视野的研究，以目录、编年为轴，从翻译、批评、引介三个层面开始，把接受者期待视野的文化地质、底层梳理清楚。

重要的区域就是一个字“间”，一个文化相异性的多重空间，即德里达说的差延（或译成“延异”）。如何捕捉多层面的差延，延续之，细密、深入地分析之，借此建立各个差异的批评空间，才是研究者要关注的。接受研究中的期待视野是一个纵横向的研究方法。纵横向的平台是研究者可以借助的落脚点。其参照系直接与知识面的深广有关。

跨文化学的意义与方向，有三点：

第一，跨文化学作为新学科，从2015年开始，可以向世界宣布，发生地在中国，北京师范大学。人文学科历史上，除了国学之外，这是第一次。

第二，跨文化研究的方法是建立多维度平台，所有的碎片在其间均有巨大的生命力，它们不仅仅满足于碎片的身份，更注重相遇产生思想和问题框架的整合。汪德迈先生说他的学问是集中国和日本的学问于一体而发扬的，他不满足于做中国文化或日本文化的研究者。跨文化的意义就在这里。碎片越独特越好，碎片之间的生命力越大越好，这是跨文化学研究的特点。

跨文化研究首先是一种超越知识理论的思辨，而不仅仅是一个研究视角。我们会问：它在哪一个层面活动？在想象层面？在知识层面？在逻辑层面？在行为层面？都不是。资料库也就是文献的把握是研究的基础，决定研究的深度。在资料库的摸底过程中需要有问题意识，逐渐形成问题框架。资料库和提出问题同步进行，相互推进。不预先设置论题，论题是在资料库的建设中逐渐聚合形成焦点的。

但是，要注意资料库不能替代问题框架和思辨。资料库与研究水平没有因果关系。分裂的知识碎片，是没有办法使人接近真正的认知的，而我们的认识系统，我们所接受的知识框架，是知识世界的某一个碎片。由这个碎片去探索一个整体，那是痴心妄想。因此，在知识界，在知识和精神心态史的过程中，我们会看到相当多的因所知障而产生的狂乱。我们在做知识探究和学问时，要时时警惕这一点，我们永远是一个碎片，我们能做的事就是在这个碎片上，冷静地研究，有了些想法，别把这当成真理，如此而已。

分裂的知识碎片没有办法使人接近真正的认知。怎么办？必须创造超越碎片的灵感，否则数字和资料只是堆积。“跨”就是这样一种提供形而上、超越碎片的可能性，人类的思想、活动以及生命，在“跨”的时候产生飞跃。法国人类学家列维-斯特劳斯、美国华裔考古学家张光直为我们提供了很好的启示，汪德迈先生同样。张光直从考古研究中发现，人类历史的发展是平行于地面的，而西方400年以来突然有一个垂直向上的断裂。他问，当这个垂直向上的线条，突然重新复归于与地面平行时，西方做好准备了吗？这是20世纪80年代提出的问题。

第三，近五六年来，世界学科发生了很大变化，新的史学观认为，人文学科的研究要有大的历史框架，除此之外还要有思想。历史学再一次引领人文学科进入新时代，这个时代需要研究者有这样的觉醒，设想自己的研究碎片在大框架里的位置，以及研究是否有思想性。汪德迈先生提到形而上与物而上的关系，里面就充满了思想性。我们希望通过新学科在北京师范大学的建设，能逐渐把跨文化研究引向这个方向。

跨文化研究作为学科，它的范围、对象、论题框架、方法是开放的、不断形成的，没有既定的统一标准。

第三节　跨文化学的理论要素

跨文化是多重维度，同时具有历时性和共时性。

跨文化研究最基本的要素是什么呢？有四个，即跨文化理论、跨文化资源、跨文化经验和跨文化方法。

要素一：跨文化理论。它的建设一定是集个案研究之大成，与当今逻辑思考书写推断出来的理论体系背道而驰的。它的维度是历时性和共时性，灵感来源有接受研究的方法，细化到文本源头语和被翻译的对象语。这几个方面在法国跨文化研究中都有所涉及，具有代表性。理论建设方面，中外研究者都有很强的理论建设意识，中国不少学科项目和学术会议都将跨文化研究作为关键词，如乐黛云教授主编的《跨文化对话》、里昂第三大学利大英（Gregory B. Lee，1955—）教授主编的《跨文本跨文化》杂志。

跨文化研究的理论特性是什么呢？与神学和近世以来的理论体系不同，它的特性是超越的、不架构的，不能从约定俗成的期待习惯出发去寻求或建设它的理论。

要素二：跨文化资源。文化资源应该是全面的文化，以世界范围内尽可能多的社会文化系统为框架。跨文化的“跨”字不能简单地与覆盖面等同。人类历史是一个跨文化的织锦，跨文化的关注就是在这个织锦上。因此，跨文化研究的视野不在收集和积累相似现象并进行比较，而是从各文化的差异点出发研究人类的文化模式，生存、思维、语言、行为、交流、视角等，出发点可以无数，但终点无法界定。这是一支射出去的箭，落点不好预设。

要素三：跨文化经验。跨文化经验是跨文化研究的基础要素之一，涉及文化的普遍与特殊，乐黛云教授在一次讲座中谈到的第一点就是这两者的关系。普遍价值与是否保留文化的基因是两个不能回避的问题。广东外语外贸大学郑立华教授长期探讨的跨文化实践有启发意义。乐黛云教授主编的“远近丛书”，是跨文化对话的尝试。约请中法两位作者在不相遇的前提下，围绕一个感兴趣的主题，从自己的经验和所在的文化出发去书写，两位作者在成书后成为该书最早的读者。在跨文化研究领域，误解和理解都不是问题，恰恰是很好的研究素材。

要素四：跨文化方法。跨文化研究的方法是什么呢？它与现有的人文学科领域的方法有什么重合和不同呢？我们经常看到，跨文化研究者或论者将"跨文化""文化间"并用或换用。

跨文化研究的具体做法是在文化相异性基础上，从案例入手，建立研究的纵横空间，从解释模式、文化相异的态度、研究的视角和文化相异性研究四个方面切入。人文学科所有对他者文化的根本态度，一个是忍受的文化，一个是选择的文化，这一点我们已经在两年前北京师范大学的暑期学校中谈到。在人文批评上，有两种不同的视角，一种是基于相同性视角，因此从各文化的相同性出发，寻找相同点，以此为基点突显文化的相同性，相异性因此被认为是在制造神话；另一种批评的视角是基于相异性，认为研究文化相同性与共同背景，无益于对人类文化及经验有深入认识，应该从个体文化的相异性出发，去捕捉差异，对比差异，解释产生差异的起源，比如中国文字何以与西方文字不同，它对思想文化的形成有怎么样的影响？中西文化的分歧起源在什么地方？中西文化何以可能？中国文化与其他文化存在何种异托邦现象？跨文化研究作为一个新学科，它的视野不在国别文学或区域文学，它的思路可以用文化异托邦的命题提出来，也就是对文化相异性、深层次的对话形态进行研究。跨文化研究和其他人文学科一样，通过案例进行，沿袭实证研究的传统。案例研究是可以多方位进入的，比如可以用内部批评法，也可以用外部批评法和总体批评法，还可以综合内部、外部和总体批评三种方法。内部批评法，就是文本批评；外部批评是社会学批评。

我们现在从整体性研究角度谈，从法国整体研究角度来谈，首先是从实证研究进去，比如研究期待视野史料学，研究一个文化对他者文化的期待视野，法国最通常的办法是建立一个史料学。以巴黎索邦大学2004年推出的“法国外国文学翻译史计划”为例，这个国家项目，进行到今天，共出版三本书：《法国19世纪外国文学接受》《法国16世纪外国文学接受》和《法国20世纪外国文学接受》。跨文化研究的基础必须非常扎实，才有可能跨。

其次是研究文学接受，编写法国外国翻译史的书目，包括评述、杂志、报刊和评论文章，然后是翻译、出版情况，其中包括翻译出版的序、跋和宣传，都需要整体团队长期的工作。法国外国文学接受研究的第三个角度是对19世纪文学理论的翻译进行摸底。

接受研究中史料的搜集工作是长期的、艰巨的，有时候甚至长达十年以上。但这并不意味着十年不出成果，而是可以出阶段性成果，分门别类出成果。但要在思想上做好准备，这是艰巨的工作。做史料搜集，要考虑到下一个研究者，为他们铺平道路，希望避免在同一个冷板凳上做同样的重复。中国新文学期待视野的研究，就能够以目录编年为轴，从翻译、批评、引介三个层面开始，把中国接受者的文化地质底层梳理清楚。做这样的摸底工作不能陷进去，不能成为史料的奴隶。汪先生认为，他与专家的区别是由于法学、哲学和汉学的背景，他能跳出专业的框架去思考。我们跨文化研究史料也是一样，要有一个警醒，有一种“走得最近，拉得最远”的意识。研究者要有警觉，避免旁门左道的诱惑，要跟着引领你研究的那颗星走路。

第二章 跨文化学研究范畴：论题与假设

我们要探讨的问题是，跨文化研究作为一门新的学科，所关注的不是传统意义上文化与人类学是否可以并置的问题，也不是民族国家是否应该解体的问题，而是文学领域、人文科学领域中的跨文化性，包括文化相遇与接受中的夸张度、身份以及异变性问题。

今天我们处在一个新的“文艺复兴”的时代，20世纪下半叶，世界一体化进程恰恰在解构国家和民族主义这样的社会概念的同时，非常矛盾性地使不同文化群体产生了更加密切的交往和移动。这使得传统意义上的文化分界线在受到冲击时变得模糊，同时在世界上出现了一个新现象，这就是文化身份市场的大爆炸。人类的历史从未像今天这样热衷于文化、族群、人类学、宗教等身份问题多样性的思考。跨文化性和跨文化研究问题随之产生，我们在各学科的研究中都能看到这种跨文化性，因此，“多元文化”“文化间”“跨文化”通常是能够被相提并论的三个关键词。它们确实有共同的背景，但是三者的视域、期待和方法都不同。

多元文化性重点在于不同文化与想象在同一空间的并存、共在、并置。它具有渐进性，是一个进程。

文化性探讨的是“之间”的关系，法国哲学家于连（François Jullien，1951—）采用的是一种重视多样性、视角为平行移动的研究方法。这一“间”的文化文本概念提出后得到普遍的认同，尤其在文学界。因为它使得文化间性和文本间性相遇成为可能，它们可以相互审视、定义、重读。由此在这个基础上产生了一些新的概念，比如宏观国际符号学、时空模式的交融性、文学艺术作品素材的广泛性、文学艺术创造与当代文化流动性等。20世纪70年代还提出“泛文本”研究。

第一节　跨文化学研究的论题

跨文化研究学科中的文化转移研究，有四个问题框架。

问题框架一，当整体性与精神性将成为21世纪的主流时，是继续严格遵循19世纪的思维模式界定的学科领域架构，还是跨越学科界限，回归传统的整体性批评维度？在19世纪以前很长的历史时期内，从古希腊开始，修辞学、诗学和阐释学一直是西方人文学科的三大支柱。随着19世纪工业文明的深入，学科极度细化后，这三大支柱逐渐淡出大学高等研究和教学领域。其中，最早退出的是修辞学，阐释学继之，最后是20世纪中叶退出的诗学。

问题框架二，以词义无限伸延为特性的中国文本，如何不迷失在批评理论的术语中，而直接深入探讨文化的相异性？从《新青年》开始，中国批评家与翻译者大量地引进以破解文字为特性的西方文学批评理论，以分析中国文学。

法国汉学家汪德迈从甲骨文入手，不受历史现象的甲骨文之惑，以思想史和汉学史两个学科交叉研究切入，提出思想史与甲骨文专家不曾作出的假设：“周朝以前的商朝文化，被周朝有力地抹杀。我们关于文字起源的所有神话传说，如仓颉造字、河图、洛书，都是周朝用来代替商朝历史史实而造就的神话,《史记》不过是传承了周朝的文本”。汪先生的这项研究(成果),已交北京大学出版社。汪德迈认为,中国书写语言区别于世界其他语言的特点,是它的占卜起源。其他语言,无论是表音还是表意,都是语音和语意两种链接的自然语言,也就是说,除了中国语言文字以外,语音和语意是书写对口语文字的一种符号化。世界上只有中国的文字,语音和语意的链接是断裂的,语音有语音的系统,即口头系统是存在的,但中国的文字没有记录当时口语日常交流的信息源。中国的文字,产生于占卜史官与宇宙建立对话的记录。因此,中国文字是表意文字中独一无二的非自然语言。中国文字的这种占卜功能促使了中国式的阐释学的产生,这种阐释学尤其注重汉字文本分析。中国特殊的文字字源使中国产生了不同于西方的阐释学,因为中国书写语言本身是有力量的,中国文字是通过文字揭示事物隐秘性和启示功能的。西方的文字是被启示性的语言,被认为是不完美的,因为对圣言来说,人的语言是不完美的。所以,人的语言怎么能完美地阐释上帝的信息呢?因此,西方的文本理论有一个根本的使命,就是破解文字以期达到找寻和企及文字后面圣人的力量。西方的文艺理论就建立在这样一种与文字的特殊关系上,即破解文字的关系上。当我们看到近代马拉美要还文字本身以创造性的时候,当我们看到德里达提出的破解文字、拆解文字以及文字与文字之间有差源性的时候,我们看到了他们理论背后,西方破解文字所带来的特点。而中国的文字与书写者的关系,则正好是相反的。每一个中国文字都创造一种可能性,书写者是通过记录文字去创造可能性的,而不是破解文字去探寻文字后面的意思。可以说,中国文字的特点是,没有文字就不存在创造,这是由中国文字的占卜起源所决定的。

我们再回到第二个问题框架，当面对以词义无限伸延、无限可能为特性的中国文本时，用西方的破解文字的文艺理论框架去分析、批评何以可能？我们是否能进行批评？我们是否可以不借助西方的文艺批评理论？绝对意义上看当然可以，中国有自身丰富的文艺理论体系。但在当今时代，要求我们所有的相遇者，带着中国的文本与西方文艺理论相遇，需要有两种能力。一是能深刻理解文本背后文化的能力，二是对他者有一种开放的、心平气和的能力。我们要看两种原本完全不同的批评体系，在什么地方拥有相遇的可能。这就是我三十多年来在法国做文学批评和诗学批评研究时，一直关注的问题框架。这种努力直到现在还没有结果，还需要几代人的努力。

问题框架是引领我们研究的一颗星。不急于作出一个答案，整个研究过程很丰富。这个问题框架很可能就没有答案，也可能有人最后提出来说，还不如就各走各的路，不用相遇。所以，研究所遇的困难非常大。

西方的文字以自然语言为起源，是一种抽象性符号。中国的文字是另一种高度的抽象。在文字、文本和作者的三层互为解构关系中，马拉美走得最远。一个多世纪以来，他的理论在西方逐渐成为解构主义的重要思想根源。德里达在思想传承上，为马拉美一脉。

问题框架三，以形而上为特性的文化和以宇宙而上的文化，两者的相遇是否产生创造性？抑或互相拆解？

形而上文化的代表是以拼音文字为代表的文化（“形而上”的法文métaphysique为“超越物理”之意）。汪德迈在《中国思想的两种理性——占卜与表意》中讲到，中国文字形成的四个阶段，使中国文字发展到高度的科学性和抽象性。中国文字独一无二的起源，体现在文字的第二至第四阶段。第一阶段是在动物的肩胛骨上占卜，第二至第四阶段，随着占卜的科学性的进步，使卜兆被科学化和抽象化，形成了中国最早的文字。有些西方学者认为，中国文字与苏美尔文字、萨满教一样，只是属于第一阶段的占卜。汪先生则认为，中国存在宇宙而上的学问，是将对世界的看法理论化的。比如，占卜实践是一个开始。占卜特有的超验性维度是非本体的，是超越现象的。由此，经过《易经》传统，对形而上产生一种超越，也就是说，中国对于宇宙和世界的观念，由数字化的形式进行占卜，而后产生的《易经》是对宇宙的高度认识，是中国特殊的超越物理性真实的一种学问。汪先生还认为，不仅是因为超越物体，所以叫“宇宙而上”，对于中国思想来说，这就是“道”，是一个可以概括中国人的世界观的关键词。

中国文化是非神学的文化，汪先生认为，由占卜而起源的中国文字走的是科学的道路，而不是神学的道路。在中国文化中，“道”是左右“万物”不同运动和变化之和谐布局的所有宇宙法则。它本身是存在的，并不需要一个代表人物去诠释它，仅仅是由不同的占卜史官们去接近、询问，并得到不同的回答。这种回答也不是单一的、绝对的、一成不变的，根据各种不同的“势”和所占之人的“位”，宇宙的回答是不一样的。这些法则在事物的表象层面是不可见的，只有通过占卜来体现。占卜体现的是存在于时间与占卜者相关的关系。它所揭示的不仅仅是因果的关联，而是一种非常复杂的关联性。中国思想的特点不是因果关系，而是超越因果关系但涵盖因果关系的宇宙关联性。首先，这种关联，不是像萨满教那样通过那种西方认为比较荒谬的手段来完成的，比如对火的崇拜和很多仪式等，而是通过科学性的手段，比如器物的选择，即一个宇宙的动物象征（龟）的选择，这是经验性的；其次，通过科学性的步骤，比如龟甲上凿洞的科学方法和工具，并且将占卜的步骤归类为三种：吉、凶、不吉不凶，这种归类性的方法是科学性的方法；最后，抽象于数字系统，也就是蓍占。我们历史上主流的观点认为是周朝发现了蓍占，事实上，我们不从历史王朝论，应该是先有占卜，然后抽象成为数字卦，最后达到《易经》的传统，无论是谁发明的，但流程大概是这样的。这就是第二类的关联，即依据相关性的关联，而不是依据因果性的关联，使中国的思想变成“宇宙而上”的学问，并且由经验性变成理论化。这种理论化经历了很长时间，直到汉代才完成。最初的时候，它当然是一种“荒诞”的理性，因为所谓“理性”，是一种有系列的、科学的、构架式的根据。当然，“荒诞”两字是针对西方理性而言的，这个词值得我们思考。西方“理”这个字的字源与中国“理”的字源是完全不一样的。我们对西方哲学中“理性”的“理”字的翻译，是一个巨大的误解，在此暂不讨论这个问题。对西方的“理性”而言，中国由最初的经验性而到与宇宙的对话，形成“宇宙而上”的学问的最初阶段，确实有“荒谬”的一面，即没有足够的论证。但很快地，甲骨占卜的模式化，逐渐变成纯中国式的形式-逻辑。根据“相关律”原则而行，在实践中渐渐地从萨满传统的经验性中解脱出来，到了甲骨占卜的第三、四期，占卜已经是一项非常科学的工作了。它已经从原始的“荒诞”性中澄清出来。这个过程，汪德迈先生对它的阐释的意义在于，让我们对于现存的正统历史主流观点，包括受西方理论影响的中国学者的观点，要再思考。这种思考可以帮助我们与世界学者进行交流，我们的立场和知识储备是多元化的，不是一元化的重复。这对国际间的学术对话带来很大益处。

在邹衍的思想里，占卜学第一次完全离开操作性的巫术成分，而《易经》中仍然含有不少巫术成分。邹衍思想的思辨则变成纯概念性的，只可惜他的书早已失传，是董仲舒使它再现于世。邹衍对中国思想的重大贡献是，在中国占卜的相关性中，推断出世界上任何其他文化所没有的“宇宙而上”学的基本概念（而《易经》对此只作了粗略阐释）：阴阳、五行概念。经常有西方学者用形而上来否定中国的非形而上，现在我们有了这样一个知识框架，就可以和西方的形而上进行对话，而不是用他们来否定我们。所以，邹衍提出的阴阳、五行就成了明确的概念，而且是高度抽象化的概念。

一些汉学家有一种思想倾向，主张把中国经、史、子、集的古学传统的前三部去掉，只留下“集”，因为他们是“集”的文化培养出来的，认为中国思想不可能抽象化。这种观点产生于黑格尔，直到现在，这种误解仍是占主流地位的。当然，汪德迈先生是个例外。我们不必去跟他们争辩，但我们可以在中国的思想特性、文化特性、文字特性方面深化我们的研究，用我们的研究成果与他们对话，让世界上的这些汉学家们尊重我们的研究成果。这样误解会慢慢化解为正见，而断裂和批判是不可取的。当然，这种化解的工作是非常艰苦而长期的。汪德迈先生研究了60年的汉学，集学问之大成，才产生了这样的理论。

西方一些汉学家认为，中国文字是所谓象形文字，是单音节的，没有词性变化。不像印欧语言那样可以不断创造新词，有时候我们没有办法翻译这些创造的新词，因为这是西方拼音文字的特殊性。它仅仅从字形角度不断地变化就能达到概念化。而中国文字不可能从字形的变化上来达到概念化的目的。例如，“哲学”就是哲学，要表达哲学化的意思一定要加个“化”字；再如“现代”与“现代化”也是如此。法文就不一样了，同样的词加个后缀“te”就可以实现。中国文字的这种“缺陷”确实会造成一些误解，但是，我们有另外一套抽象化的系统，这就是阴阳、五行高度概念化的符合宇宙一切根本属性的概念。汪德迈认为，正是在这一点上，中国思想的高度概念化，与笛卡尔“广延性”概念的抽象性，具有同样的严谨性。通常情况下，人们把“阴”“阳”混淆为性。汪先生认为，实际上，阴阳是关系到宇宙论概念的，所以，中国思想是有普遍价值的。当然，中国的普遍价值与西方的普遍价值不同，由于文字起源的不同，西方重社会性，即由人与社会的关系而产生的法制观念；中国重人与宇宙的关系，产生了不同于法但对于治理国家非常有效的“宇宙而上”的观念。这是可以进行中西对话的，是我们悠久的思想文化传统所带来的根据，是没有任何一个人可以否定的。五行，并非西方或印度那样的物质化的概念，如希腊的物质四元素（火气水土）。它不是实体，而是一个抽象概念，表示宇宙万物不断相连的所有变化和运动的基本形式。从蓍占与《易经》的传统来看，基本形式的变化有三千多种，高度概括成五行，就是“五性”的基本形式。法国汉学家翻译“五行”，传统的翻译是“五种因素”，现在有些汉学家建议翻译成“五种运动形式”，汪德迈先生翻译成“五种元素/原动力”。中国思想因为文字不受加词尾变化的限制，所以在突出现象界的活力方面很自由。西方汉学家用神学的系统，以超越性的本体范畴出发，去理解和翻译中国的阴阳、五行，这未尝不可，这是我们接受视野上要研究的内容。

问题框架四，如何定义跨文化研究？跨文化研究的方法论是否可能？

新学科建设的基础是方法论。1998年，《跨文化对话》杂志由南京大学和北京大学联合创办，主编乐黛云教授引领我们经过20年不断的思考和实践，在北京大学建立了作为新学科的跨文化研究。这一学科的创立具有历史意义，预示着21世纪人文学科新的研究模式和思想模式的产生。跨文化研究的任务是关注如何深入地探讨文化的相异性。我们现在到了跨越比较的时代，这就意味着把研究的重点放在思考文化的互动性上。我们今天可以向世界宣布，跨文化研究学科的建设思路来自中国。

回顾跨文化研究新学科建设的历程，有几个标志性的事件。一是北京大学跨文化研究中心的成立，二是香港大学跨文化研究所的成立，三是法国里昂第三大学跨文本、跨文化、跨语言研究所的成立，这是世界上大学系统跨文化研究的三个重要平台。我这里有一份北京师范大学中国民间文化研究所研究生王文超和高磊制作的名单，他们搜索了世界范围内有多少所大学设立了跨文化的研究所和研究机构及其招生、挂靠实体单位和学科建设等情况，我希望他们继续做完，做成一个调查报告。通过这种摸底工作，我们可以看到，跨文化研究作为一个新学科是首次在中国成立的；它作为一个教学平台，首次在北京师范大学跨文化方法论研究首期讲座上展开。通过这个教学平台，我们可以向世界宣布，乐黛云教授作为带头人的跨文化研究新学科，正式创办成立。它的历史意义，就像20世纪50年代法国创办比较文学新学科一样，非常重大。

第二节　跨文化学的假设

跨文化研究首先需要一种超越知识理论的态度，有人会问：它在哪一个层面活动呢？它在想象层面？在知识层面？在逻辑层面？在行为层面？都不是。分裂的知识碎片是没有办法使人接近真正的认知的，而我们的认识系统，我们所接受的知识框架，是知识世界的某一个碎片。由这个碎片去探索一个整体，那基本上是痴心妄想。因此，在知识界，在知识和精神心态史的过程中，我们会看到很多，大部分由所知障产生的狂乱。这种狂乱，对知识的探索是没有意义的，除了奥古斯丁的狂乱。奥古斯丁是人类史上第一个由外视角向内视角转变的作家，由他我转向自我的审视，是有巨大历史意义的。

跨文化研究很容易与比较文学、世界文学和总体文学相提并论，并被视为边缘地带的、跨学科的尝试。大家对跨文化研究者有一种学科上的宽容，本行不错，有资本就跨跨吧，就是这样一种宽容。习惯于学科分界的研究者视它为似是而非，但也有学者提出原有学科体制是否应该进行相应的调整的问题。更有学者进一步认为，跨文化研究或注重多种文化的共同特征，或探讨各文化体系自己无法单独突显的潜在性。因此，它有独特的意义。逻辑上来讲，跨文化研究的意义在探讨各文化体系自己无法单独突显的潜在性这一层面，汪德迈先生认为，从一种文化到另一种文化，首先引人注目的和引起疑问的东西，就是寻找差异性。这个出发点不能从共性出发去研究，汪德迈先生因此支持于连的观点。于连认为，我们的研究要从相异性开始，不从共性开始，否则没有意义。另一种观点认为应该从共性开始。从共性开始确实也有它探讨的领域。异性研究首先是对你的考验，你有他没有，你是排斥他、消灭他，还是接受他、研究他，这对研究者的心性是一个很大的考验。所以，汪先生会谈到他研究的两大基础，其中一个就是福柯的异托邦。

跨文化研究的意义有三。第一，通过跨文化研究来探讨跨文化性。什么叫跨文化性？它是一个个体或者一个文化族群“放眼”的能力，超越自身和他者在平等情况下进行对话的能力。第二，跨文化研究提出的不同文化之间的互动性问题。在后现代背景下的今天，文化的多样化对于个体和社会双重身份的人来说变成一个挥之不去的问题。第三，跨文化研究的意义还在于揭示存在于文化文本中的文化相遇或冲突问题，探讨其间的关联，因此，跨文化研究的出发点在文化的相异性。

培根（Francis Bacon，1561—1626）在谈到科学现代性的起源时，把人的雄心分成三等：私人的目标，为祖国政治服务的目标，人致力于重新建设人类王国并进而到宇宙的理想。18世纪下半叶，在知识的层面，是现代意义上学科产生的时代。作为对分科知识极度发展的反弹，随之而来的是追求重新找到整体性和真实性。18世纪末和19世纪初，歌德、施莱格尔兄弟和诺瓦利斯等提出跨学科的思路，提出将整体性作为中心议题去接近真实，不要排斥任何东西。

19世纪末有三大要素，导致了两个后果。第一个是新世纪的乌托邦大实践，第二个是民族国家形态下的科学性的大一统。19世纪的三大要素相遇造成20世纪的新世界大实践的观点是法国人文学家托多罗夫（Tzvetam Todorov，1939—2017）提出来的。三大要素是革命精神、空想社会主义、科学主义。由此产生的现代性有两个特点：第一，统一的价值尺度和科学化思维作为知识的模本。第二，把学科知识变成真实性和科学的唯一条件。与此同时，各学科之间的对话仍然在进行。

人类学家李比雄（Alain le Pichon）创办和领导的欧洲第一家跨文化研究院推行跨文化研究行动与思想并行的模式，提出文化的"互识"问题。1995年，跨文化研究论著《独角兽与龙——在寻找中西文化普遍性中的误读》由北京大学出版社出版，2003年法国再版法文版。这是中国与欧洲跨文化研究的最早尝试。

跨文化研究的重要实践是乐黛云教授创办的《跨文化对话》。它从一开始就定位于建设一个跨越现有学科体制，对有关文化、文学、社会、人类的问题进行交叉、整体性思考的空间。由此在2007年建设了三个平台。第一，跨文化对话丛书平台："思想与方法"，是在北京大学为国内外各种新方法新思想设立的交流平台，这个平台为中国学界和国内年轻人提供了思想和方法的范本。第二，跨文化对话国际论坛，1996年至今，我们基本上每隔两年举行一次国际讨论会，大主题是跨文化研究。第三个平台是乐黛云教授主编的《跨文化对话》杂志，讨论真问题。北京师范大学董晓萍教授率领她的团队经过艰苦的努力，对《跨文化对话》杂志17年以来的情况作了详细的摸底工作，我们将在此基础上一起推出一本关于跨文化对话研究实践的中文文本，以《跨文化对话》杂志为研究对象。

第三章　跨文化学研究的切入点

在跨文化的研究中，我们的摸底工作集中在现代"中国新诗源"，近代"传教士与中国"，以及中古时期的"汉译佛经对勘"和早期中国对他者的接受与互动。从这三个研究角度切入，探讨中国历史上经历的文化转场。文学转场的研究有几个要素，包括所有的历史矢量、文化转场的内容和模式。是什么在转？是一种文化在两种语言、两个国家乃至更广区域的转移？研究可以进入的角度很多。我们通过六个研究案例作为跨文化学研究的切入点。

第一节　文化资源与文化视野

跨文化学研究的切入点在文化转移研究。这是跨文化研究中的一部分，是研究一种文化因素从一个场向另一个场的过渡，重点不在单向，而是在双向乃至多向。双重或多重过渡在文化和语言上何以可能，落点是什么？文化转移研究的起源是法国学者对德国在18—19世纪对法国哲学和诗学影响的研究。研究中国文化的学者则可以探讨中国与他者关系上的文化转场，很多学者做得很好，如开展外国文学与中国研究。另外，文化转移是如何进行的？

一、中国新诗源与新诗学

新诗源有两大体系：创作和诗论。诗论又有两大体系：评论与诗学。诗学有两大路径，即历史诗论和诗学之论。我走的是“论”。在“论”的框架这一层次，西方的文论传统和刘勰的《文心雕龙》的文论是一致的。

（一）中国新诗源的研究方法

研究专著有两种意义，第一是提出论题，展开并论证论题。这是通常的方法。第二种是在前一种方法上进一步将研究和思辨中碰到尚未有答案或者尚不能展开的论题记录下来，留待日后研究。1994年中国人民大学出版社出版的论著《文学接受与文化过滤——中国对法国象征主义诗歌的接受》用的是这两种方法。在论著中隐含的论题有七个：

1. 我们不能低估诗的这种圆的迁移作用。它能在一定时间里揭示一种新的感觉。它通过读者（批评家、小说家、大学生、宣传媒介）得以传播，并通过他们对年轻一代产生影响，在更大范围内敏感人的精神。这一传播过程要取得实效，往往需要很长时间。贝罗尔（Jean Pérol，1932—）认为要50—80年时间。回顾从法国象征派的产生至中国象征派诗的产生历程，以及中国象征派诗歌的历史，即从中国初期象征派诗歌的象征的“晦涩”到20世纪70年代末新诗的“朦胧”，可知二者大致经历了相同的时间：50—60年。

2. 批评家们的困惑并不比诗人们小。大体上批评家们接受象征主义由各种不同的甚至矛盾的倾向构成之说。然而，试图将这些诗人套进一个流派狭窄的圈子之内的批评家们又遇到无法解决的问题，即如何以一个或两个共同点来归结众多而各异的个体创作？批评家是否会成为自身幻觉的牺牲品？

3.“人类语言”在这里大概指不同于日常语言的诗的生成性语言。马拉美在这方面思考得最多，对法国现代诗歌观念的形成起到极重要的作用。西方诗歌（不仅仅是法国诗歌）在诗的语言问题上，至今未跳出马拉美的思路。中国年轻诗人在20世纪80年代末所提出的话语系统论也源自于此。法国当代诗人中绝对滞定已生成的毫无力量的信息词汇，强调寻找语言的自身功能一派，以及始于1968年，受美国“垮掉的一代”的影响，追求诗的“即时性”效果一派，分别是对马拉美诗之语言功能思想的正反两种反应。

4. 诗的语言的精确与否，涉及完全不同的诗歌观念。前者为诠释，有感而发，发而不乱。诗人独立完成了体验感觉、选择感觉、确定感觉的过程，之后交予读者，或以此驱愚，或以此传神。诗在被写的刹那已被确定，已经死去。而后者即非确定性的诗的语言使精确的含义被稀释、被偷梁换柱。混乱之间也把以往只属于诗人的地盘扩展到读者。诗人与读者同样由问号始，以问号终。诠释性的诗向对话性的诗迁移，促使诗有更丰富的多向性。诗必须经得起现代批评最苛刻的推敲，而“模棱两可”在赋予诗以创造性方面则正好能承受诗人与读者两头的力量。从整体上看，这是诗歌观念具有哲学意义的一个变化。在法国现当代诗的发展线索中，它对隐去作者本身的诗歌理论、对诗是“冒险的场所”的倾向，对诗的语言的三种对立的形成均起启示作用。而后来的中国象征派诗人也在这“模棱两可”的问题上作过尝试。

5.象征诗人们发明了现代意义上的自由诗。同时，诗人们也试着改革旧诗。魏尔伦（Paul Verlaine, 1844—1896）在单音节上的努力应该算对旧诗所作的音节的改革。在这一层次上努力的象征诗人是大多数。至于自由诗，观念的提出要远远超过中法诗人本身的实践。马拉美所提出的词语间偶然撞击而造成的音乐性及其和谐，从本质上不同于基于理性的古典诗韵。前者隐去诗人，还创造性给词语本身；后者以诗人控制语言，理性地寻求诗的音乐性。

6.在将语言分成日常性消息语言与诗的具有不断再生能力的语方，约定俗成的语言和创造性语言方面，象征主义诗人的词汇革命是成立的，而且影响延至今日。这样一个文化现象，这样一场重要的诗歌革命，在中国接受者那里产生了怎样的反应；中国接受者（译者、评论家、诗人）敏感、沉默、拒绝、接受的是什么；接受者本国文化所起的作用是什么？研究中国新文学初期、中国象征派诗歌诞生（1925）之前的中国对外国文学的接受情形（翻译、介绍、批评研究）是一个庞大的研究课题。我们在这里所做的《新青年》与《小说月报》的接受研究仅仅是其中的一小部分。对该时期各期刊或其他出版物作全面的、系统的整理统计，是勾勒整个接受情形、研究期待视野所必须的工作，需要研究者集体的力量、长期细致的努力。

7.被接受的法国象征主义因素在中国象征派的诗歌创作中变成对中国诗歌观念有解构影响的因素。这些因素是什么？①

① 1994年以来所埋入的这七个论题中，第七个论题被南京大学中文系的韩亮摘出，以博士论文的形式完成。

(二)中国新诗学

与中国新诗源研究同步的是中国新诗学。这里从两个层面展开,一是诗学史的研究,以中国和西方的诗学思想为框架。二是打破时间、文化地域的界限,展开诗学的思辨。

拙著《诗学的悖论》可以是跨文化的实践。诗学从它的维度展开。《诗学的悖论》有四个特点。

1. 诗学是"问",是"问"的可能,"问"的维度,是创造的缺席,是通过缺席者瞥见被生活消解的那个圆,是在众人看箭的时候,关注"拉弓的刹那"——呼与吸之间的距离,是用不可能的语言创造可能的意义。诗的可能性在未完成之中……

2. 以提出悖论的方式,将历史上与今天诗学所关注核心问题集中列为64组,打破历史时间和地理空间,潜在地勾勒古今中外文学思想的基本线条。每一个论题在中外思想与文学史上都可以回到源头语、找到关键词。由此,《诗学的悖论》召唤历史和今天的诗的实践,98位文人和70首诗成为诗学思辨所依据的历史触点。

3. 围绕这64组论题,《诗学的悖论》分七个章节展开:(1)诗学的维度:诗;(2)诗的宇宙而上:非写不知与话语的召唤性;(3)诗的音乐性;(4)诗的"空白"与诗人"隐去";(5)诗学的悖论;(6)回归与宇宙的对话、诗不可言说的极致;(7)从诗学的定位、思辨性、语言、音乐性、诗与诗人的关系、诗的可能与不可能、诗的超验性角度进入,避免以社会批评或汇编式博学的整理取代诗学思想，不自囿以在世界诗学的平台上建立直接对话的可能。

4. 中西的语言起源不同，以占卜理性为起源的中国文字是世界上独一无二的非自然语言。它与以交流性口语为基础的西方自然语言是两种截然不同的体系。这体现在诗学上，中国诗的核心是与宇宙的对话，回向到人间，核心是面对天，人的伦理和道德，缺一不成为美。它的“宇宙而上”是在现象维度超越现象，进而从有色界超越有色界，是在本体维度和从本体维度超越。在诗方面，是融入可见的和不可见的、现象的和非现象的“在”。“虚无”也是一种“在”。

西方的“诗”，古希腊语为“创造”。它的美与道德无关，以话语逻辑为核心。从人出发到人群的社会，它的“形而上”，即实体世界与神的物而上，是超越物理世界的真实，从本体超越本体。在诗的方面，它是柏拉图所言的“思想”及其在岩壁上反射出来的影像（真实、现象世界）的关系。

两种诗学的语言和美学背景根本不同，但有一个共通点：诗给予存在一种超越的可能。《诗学的悖论》试图展开这一点。此书以这64组论题开篇：

> 诗是什么？不问不知道，一问，语言就不知所措了。
>
> 它在有无之间，在生死之间，在可言与不可表述之间，在存在与不存在之间，在感觉与不可感觉之间，在知和永恒的未知之间，在开始与未开始之间，在疯子与诗人之间，在午夜一切消失和再生之间，在逻辑与无可话语之间，在摹仿和神游之间，在貌求和理应之间，在创造与不可创造之间，在宽恕与不可宽恕之间，在上帝给的第一句诗和庙宇之间，在我和最陌生

的我之间，在假装的自我世界和可以穿越的无限宇宙之间，在寂然与思接之间，在凝虑与无限之间，在风动和心通之间，在感应和神机之间，在兆圻和宇宙呼吸之间，在微尘和窄门之间，在非想与非非想之间，在火苗和永恒的断裂所组成的火焰之间，在刹那和无限之间，在苏格拉底的质疑和柏拉图的肯定之间，在永恒的批判和绝对真理之间，在社会判决与宇宙伦理之间，在觉知和帕斯卡的深渊之间，在人道与万物的空性之间，在符号的秩序和流沙之间，在历史真理和自然真理之间，在透明同质的神话与疏离对抗之间，在时空和无时无空之间，在记录和了无痕迹之间，在写与非写不知之间，在语言的无所不在和能指的绝对空白之间，在太阳和光照下的无限可能之间，在追求整体和永恒的“在路上”之间，在……

不可知与不可知之间，梦和幻之间，异托邦和乌托邦之间，革命和造反之间，连续和继续之间，信仰和信念之间，贫和穷之间，本性和本质之间，智性和理性之间，自由和自在之间，生命的意义和意义的生命之间，哲学的诗和诗的哲学之间，诗和诗学之间，及物的爱和上帝的单相思之间，形而上和宇宙而上之间，思想和思辨之间，无数和无限之间，往昔的未来和对未来的怀旧之间，语言之外和外在语言之间，词语的创造性和诗人的隐去之间，石头迸发的碎星和词语的碰撞火花之间，在呼和吸的缝隙和诗的空白之间，在精神的失序和诗学的疯狂之间，如此，不能穷尽。①

① 〔法〕金丝燕：《诗学的悖论》，中国大百科全书出版社，即出。

由此进入何为诗？何为诗学？这两个始于人类最初的生命之问。

诗的有无之间、生死之间，远古的苏美尔文明和埃及文明有生动的开凿。诗向超验的空间祈祷，或唱诵或思辨或叙述，如古埃及的《失望者和自己灵魂的对话》（*Le dialogue du désespéré avec son âme*）、古巴比伦的《吉尔伽美什》（*Gilgamesh*）、古印度的《吠陀经》（*Veda*）。古代中国，诗和宇宙交流，体现中国古人最早的颂语即《尚书》。

中国诗与诗学的宇宙维度与西方诗的口述性、自我表述性与对现实的摹仿是人类试图超越生存圈的两种努力，无休无止，如推巨石的西西弗神话。文字与思辨性思想使诗与诗学的维度具有三个特质：关联应和性、美学性和超越性。

关联应和性。中国的话语是“文”。古希腊“逻各斯”依靠话语准确的语法秩序，通过词形变化来表述；而前者“文”依靠的是文字的词义，用形旁和声旁来表示，声旁同时带有语义，举世无双。这一潜在的语义结构使得起源于占卜兆纹的文字成为带有揭示事物“形而上”含义的文字。在这条道路上，中国的思辨性被导向另一种思想方式，去挖掘诸如表意文字语义形旁所显示的现实之间的关联应和性。这一关联应和性思想不是假设-演绎的推理，而是通过结构类比式推理，即通过类比，对与已知同类结构相似的未知事物的属性进行演绎。[①]《周易·系辞》中的数字就是生动的例子：

① 参见〔法〕汪德迈《中国教给我们什么——在语言、社会与存在方面》，〔法〕金丝燕译，香港中文大学出版社2019年版。

> 天一，地二；天三，地四；天五，地六；天七，地八；天九，地十。①

数字的抽象与下面文字的具体生动相应：

> 古者包牺氏之王天下也，仰则观象于天，俯则观法于地，观鸟兽之文，与地之宜，近取诸身，远取诸物，于是始作八卦，以通神明之德，以类万物之情。

数字字源与数字无关。关联应和性意味着万象可以相互感应激活，诗人进入万物世界，与之保持在同一频道上，超验性成为可能。

"诗"之含义，其缘起在各古代文明中似乎很一致：言志、叙述、抒情。而细究之，其取向、特质则因语言本质而各异。从字源上看，中文与希腊文、梵文的"诗"之含义有所不同。《说文解字》对"诗"的定义是："诗，志也。从言，寺声。"作为声旁的"寺"，带有语义，按《说文解字》释义："寺，廷也。有法度者也。从寸，之声。"②

那些以为中国文字原始、希冀用拼音将之现代化的人们除了更会做奴化自己的梦之外，也不懂中国文字。活之在之行之用之而不懂其精髓，一如人在世界，他了知宇宙么？

古希腊文的"ποιεω"（poieo），意思是"我创造"，重自我的表

---

① ［清］阮元校刻：《十三经注疏》上册，中华书局1980年版，第81页。

② 法国学者汪德迈对诗的字源有另一种看法："此名出色地反映出中国诗与时节之风的脉络关系，因为，此字源大致自表示四季的同音字'时'，用偏旁'言'取代偏旁'日'：中国的'诗'是'时节之语'，该字的声旁，更确切地说，源自时节之字的简约。"参见汪德迈《中国文学的独特起源》。

述。口述性史诗传说经荷马转入诗人个性化的叙述。这一传统影响至今，左右着诗者的写作意识，集叙述与自我抒情为一体。

梵文"诗"为"Kāvya"，述说的意思，类型有大诗（Mahakavya）与小诗（khandakavya）。前者为叙事诗，后者为抒情诗，抑或是古希腊史诗传统的源流之一。

以口语交流为起源的文字，在文学方面的表现是口诵叙述，如古希腊、古印度文学。中国"文之言"所带有的超验性维度在拼音文字中含带在话语中。中国表意文字在能指的文字里注入所指的存在。与中国文字和中国思想的形成相同，中国诗从一开始就是和宇宙的对话。由占卜的验辞发展出来的中国文学重书写，分诗言志与歌咏言两路，以《诗经》与《离骚》为代表。植根于中国占卜性文字的诗的维度在与宇宙对话，与消息性语言无缘。诗是"宇宙而上"，非"形而上"，这一特质决定中国诗的边缘化。它不在乎社会，只是指向人与"超验世界"，借助自然万物。

中国诗有礼颂传统——与宇宙对话，和文字传统——占卜性起源使相遇变成创造。两大传统在中古发生变化，体现心性的诗使诗学的视野进入内在性，诗律与诗论形成系统，这一变化与佛经汉译直接相关。

在本质上，以神学传统为代表的西方诗学重的是实体世界与神的物——而上，① 源自占卜思辨的中国诗学重的是宇宙维度。形而上宇宙学，即起源于占卜理性的中国文字所有的超验性维度。它是非本体的，纯粹超越现象，正如《易经》对形而上的定义那样，

---

① 参见Léon Vandermeersch, *Les deux raisons de la pensée chinoise: Divination et idéographie*, Paris: Gallimard, 2013；〔法〕汪德迈《中国思想的两种理性——占卜与表意》，〔法〕金丝燕译，北京大学出版社2016年版，导论。

它标志一种对有色界的超越——形而上，而非对物理性真实的超越——物而上。

语言意识与诗学意识至少在形而上的维度可以回到自觉而不自我、空而不虚、创造而不疯狂、放情而不抒写、融化而不叙事、记忆而不史诗、口头而不仪式、想象而不修饰、抽象而不符号、对话而不话语、日常而不约定俗成、书面而大众、内在而普世、互文而消解话语的本性。诗而不歌。散文是诗的消解。

诗给予的是一种可能：显现在书写的定义和语言的定义之间所暗含的紧张度。

诗人北岛呼吸着文字的启示性。长诗《歧路行》在本体与诗的召唤力量之间。

哪儿是真理

在词语寻找火山①

美学性。诗化情感、思想，诗化与话语逻辑不相应。美学是中国文字的精髓，中国诸子的思辨就是用文学的美来体现的。庄子以文学的形式进行哲学思辨。诗人、画家与大自然相融，在融合中体验美、超验美的感觉。不刻意、不留恋二元对立的现实与模仿。

俄国社会学派的代表巴赫金（Mikhail Bakhtin，1895—1975）提出创作的整体功能决定形式，语境决定话语，意识形态决定创作，对当代西方文论和中国诗学的社会学派的影响很大。诗学首先是人学和社会学，说者、听者和受议者三者形成的话语，是审美

① 北岛：《歧路行 · 序曲》。

交往的社会性话语，这种社会学诗学与中国诗学重视美学性反向。

把诗学放在历史大颗粒下思考的是20世纪俄国学者维谢洛夫斯基（Alexander Nikolayevich Veselovsky，1838—1906）。他从英国人类学得到启发，研究诗学起源演变的历史脉络，诗学由美学范畴变成概念、形式、语言和符号演化的历史范畴，代表学者从学术之路试图建立新诗学的努力。

在诗学的历史中，内容与形式的二元思维始终主导，痕迹遍布20世纪的形式主义、新批评、结构主义、解构主义、历史诗学、社会诗学、文本批评、泛文本批评、语言学批评、接受美学、整体文学批评。

西方表音文字是概念性思辨语言，从口语和交流功能进入符号记录，经《圣经》阐释学逐渐被视作表述上帝之圣言的工具，尽管因为是人的语言，但它并不完美。现实与话语的关系很直接，现实是话语的目的，话语是理性对现实进行的再现和逻辑判断。

法国汉学家汪德迈认为，在西方文化里，思辨性思想从话语性拼音文字形式里提炼出交流语言，以期提取概念性语言的精华。这一提炼通过将语言认知能力理性化而成。亚里士多德在他的名为《逻辑学》的论集中将所有的推理进程理论化，从中概括出有关原则。这些原则后来收入《工具篇》，是西方思想的重要来源之一。第一篇论文名为《范畴论》，探讨各种不同的特征。在这些特征下，现实成为“话语”（logos）之目的，理性进而对之作出判断（kategorein）。实体范畴被定义为类，其他九个范畴从之。九个范畴分别是数量、质量、关系、场所、时间、姿势、状态、动作、承受。这一逻辑范畴化显然来自语言学范畴：主语、实体的基本逻辑、动词的主动态与被动态、行动与情感话语、现代分词、物主代词，等等。这一外延来自包括古希腊文在内的印欧语言中的性数变化，性数变化是语法使说话人在言说事物时不得不认可的事物间关系之表述。亚里士多德认为，此乃事物的本性所致。因为事物本性在言说中是如此用语法体现的，思辨性思维不会因而产生自己的语言，只是简单地将交流性往概念性提炼。亚里士多德的逻辑学如其名所示，是“话语”的精华。①

作者处于两难之中：如何完美地表述而不被有限的语言所制约？如何破裂不完美的语言以企及完美的上帝之启示？被启示的语言何以可能表述所承载的神启？

中国文言是一种认知述行性的思辨话语，它具有表意性，天然的隐喻性，与写者的关系是非遇不知，相遇是创造，不存在破裂语言以寻求启示性的使命。它本身就是启示性的，思辨性的，隐喻性的，非话语逻辑的。它的逻辑“理性”，不通过交流性话语，而是通过源自占卜，带有认知述行性的文言取代概念性的思辨语言。因此，可以在根本意上（不是在语法上，而是在话语的语言性“文”之含义上）定义中国“文言”性思辨话语。中国文字的逻辑是一种“表意性”逻辑，完全以另一种方式使语言运行，而非亚里士多德的再现现实的“话语”逻辑。②

中国文言具有占卜功能，“文”是启示性文字。作者力图释出书写语言本身的力量，尽量使表意文字揭示事物隐秘性和启示功能。正是中国文字与占卜一脉相承的关系，创造出中国独特的语

① 参见〔法〕汪德迈《中国教给我们什么——在语言、社会与存在方面》，〔法〕金丝燕译。

② 同上。

义学。①

感知这词太被动。诗是内在自然涌现，或言内生性，非个人的、自我的、学究思路的。它搭上宇宙之脉，突破现象世界的线性逻辑，把某一瞬间庙宇化、结晶化，在刹那外现化显之。言刹那，是因为捕捉的永远是无以捕捉的，每一当下都在变化。变化的灵魂是空间，是这个灵魂本身。诗要说什么，这不是诗人的问题。诗就是空白，始终涌动在每一个生命体内，而人间逻辑全力关闭人的诗性毛孔，引诱人关注现象世界的意义，忘掉空间，忘掉之间。

然而，这“间”是一切可能。诗来自这“间”，是宇宙的涌动的微妙显现。马拉美的一本书就是这样无数之间中的一个。诗的空间是永恒的，因为它的之间，它的不可被确定性。它永远在路上，不断地被诗人和可能的诗人叩问。生命和书写变得纯粹、无边、含义随意、具有召唤性。时空在那里毫无意义，没有存在的理由。

诗学从一开始就有维度，因为思辨的对象不同。在古希腊亚里士多德的笔下，它是论史诗和悲喜剧。在古代中国，它是对《诗经》的诗论。诗学的文化背景和语言决定与诗的独特关系。语言本质决定诗的语言：被启示的文字抑或具有启示性的文字。这是表音文字与表意文字中独一无二的中国语言之间的根本分歧。然而，诗是没有国界的，一如诗学。

超越性。人道若只是人，无论深厚，只在六道，生命满足于只是生命吗？生命能超越生命吗？生命的超越性体现在哪儿？人的精神和历史的精神可以作为躲避超越的借口吗？在人的维度纷争

① 参见〔法〕汪德迈《中国思想的两种理性——占卜与表意》，〔法〕金丝燕译，第四章。

本体、方法、价值、形式、结构、语言、体裁、叙事、心理、文化、文学性、陌生化，是井底青蛙们自以为得意的游戏。

20世纪，形式主义要科学地分析诗的有机整体，它的属性、手法、语言、体裁、共时和历时成为欧洲诗论者们的关键词。雅各布森（Roman Jakobson，1896—1982）的理论推动法国文论者将马拉美的诗学概括成三个层次的对立：日常语言与诗的语言，约定俗成的语言与生成性语言，消息性语言与召唤性语言。19世纪欧洲的纯诗和布拉格结构主义理论在马拉美和形式主义那里结晶。

远离定义和分析，更不会跟在诗人后面鹦鹉学舌装腔，诗学要哲学它的维度：诗。它是无限的，但可以穿越。如何捕捉诗，延续之，细密之？今天，中国新诗学遇到的不是中西方如何平等对话的问题，而是如何继续它的形而上的传统，继续宇宙对话之路，回到它的语言的灵魂：占卜性、宇宙性。诗学要哲学它的维度，美酒、白粉和美好拆解诗学，是诗学的敌人。

任何边界在诗人的呼喊中消失。诗是流星，自己照耀，瞬间消失，不求理解。每一个生命是一个世界，这世界之间需要的是理解吗？这个世界的生命在诗的呼唤下保护着心中尚未被文化烤熟的角落，诗让生命们感到它是最亲近而又最陌生，最不理解而又最被吸引，最痛恨却最爱读的。

诗学对于诗，是无数流星之间的空间，一如岛屿间的海水。相互不是存在的理由，但彼此寻找存在的借口。生命因为诗，极端化为微妙。诗因为诗学，微妙得到呼吸。

像诗那样，诗学是感觉的、思辨的、超越的，在人间逻辑和宇宙逻辑之间，可有可无，却托起生命，化不可忍受为空气。诗面对世界的罗网，试图冲破死亡和偶然，不妥协。诗学用话语冲破话语，化解话语，创造试图通过话语永恒的不完美连接宇宙可以穿越的无限。

诗学在希腊语（poiesis）中的含义是关于艺术创造的研究，从无到有的进程（柏拉图）。亚里士多德的《诗学》第一卷讨论悲剧和史诗。作者提出艺术的“基本原则”，认为艺术和诗的本质是摹仿、反映现实。《诗学》的观点，即摹仿、净化、再现为西方诗学之源流。其中有两个基本因素，艺术家以摹仿来表现现实，这种摹仿可以将过去或现有之事，传说所言之事等表现得或更好或更坏，或真实或理想化；“诗人的职责不在于描述已发生的事，而在于描写可能发生的事，即按照可然律或必然律可能发生的事”。①

与亚里士多德的诗学思辨并行，中国诗学与远古诗对话。“在心为志，发言为诗，情动于中而形于言”（《毛诗大序》），“诗，言其志也，歌，咏其声也，舞，动其容也”（《礼记·乐记》），两论一脉。而后者与《说文解字》的“文，错画也，象交文”，《尔雅·释诂》的“文，饰也”，东汉刘熹《释名·释言语》的“文者，会集众采以成锦绣，会集众字以成词谊，如文绣也”，三论呼应。《尚书·尧典》总结为：“诗言志，歌咏言；声依咏，律和声。八音克谐，无相夺伦，神人以和。”

诗学、修辞学和诠释学，西方人文的三大支柱，随着神学的弱化、工业革命与科学主义的霸权先后失去存在的理由，语言学拾起修辞学和阐释学的语言性，在当下口语和语言表述上打滚，自以为是，霸道。但无论如何霸道，语言学的封闭性和分割性使之命定与诗背道而驰。语言学家们没有进入诗的可能。

① Aristote, *La Poétique*, chapitre IX, texte, traduction, notes par Roselyne Dupont-Roc et Jean Lallot, Paris: Seuil, 1980, p. 65.

语言学家是语言的解剖者。其中至上者为庄子笔下的庖丁。人间有定位各自的话语，生活的理由就充足了，劳动社会化、分工化、利益化，人的思想被形而下、被规范、被概念化，符合政治家们的胃口。吃了地球上的盐水和草，不再透明，不会飞翔了。诗人从不幻想诗在某一天成为世界的主角，远离公共叙述与群体性。超验的经验不可重复，每一个生命是一个世界，每一刻的感觉都是独立的、瞬间的、不复返的。所谓的教化天下，只是理想。中国语言不是简单的口语书写文字，而是一种特殊构思的文字语言，超越交流性，在认知思辨层面运作。中国远古诗是指向宇宙的呼喊，通过祭颂礼仪，超越话语，升华万物的激情和形而上，在宇宙的思辨皱褶里。

只有诗学，无论人间和历史的翻滚，始终在，或隐或现，如钱币上的水印。诗学存在的理由，是人的革命天性。这样的文字传统，诗的维度，诗学的维度，是弃绝、无视还是继续超验？弃绝可能么？超验何以可能？

现象世界可以没有诗，因为诗在感性和智性之间，在感性深谷的世界和永恒的世界之间，而现象世界沿着自己的频率运转。诗在现象界的存在可有可无，因为它的生命有足够的理由在粗糙的、大颗粒的、六根心满意足中走过。诗不担负和所有生命相应、共振的使命。诗是无意义的。它天性就和大众失之交臂。它怎么会陷于探索人类体验的外延和特性之中？

诗是高维度的，它的高频率能量可以转化现象世界，转化形而下，如果后者愿意。愿力发出的每一个音都会在宇宙得到回应。从生和死之间的有形进入无形的、灵性的、无限的宇宙体。

诗的召唤性与宇宙间每一个生命的振幅同拍，那是心性的波段。诗引领心性的波段超越日常频率，直冲现象世界之外。它不在思想、感觉和意识伫足，而是探询宇宙无限的振动秘密，在有形世界和无形世界之间。

在这样的意义上，诗人是通灵者，宇宙的。

叩问诗，而不赋予意义，诗学有了存在的理由和它的维度。

二、法国早期汉学的接受视野[①]

该部分资料库的摸底工作的背景是文化批评。汪德迈先生认为，文化批评模式有两个，一个是冲击-反应，一个是接受-选择。文化的批评模式一即“冲击-反应”，导致的是一种“忍受的文化”，这是引用汪德迈的观点；文化批评模式二即“接受-选择”，引发的是“选择的文化”。我们整个工作是在模式二上进行的。通过法国汉学家的研究角度看对中国文化的选择是怎样进行的，选择了什么？今天的法国汉学和五六十年前，乃至18世纪的法国汉学不同。但有共通点，他们并不在被迫的被冲击的情况下进行。这和中国不太一样，中国19世纪以来的文化接受带有被冲击的背景。法国对中国的接受是在选择的文化框架下进行的。相异性的研究不排除忍受的文化，忍受的文化和选择的文化都是研究的视角。只是在研究中要清楚，你所研究的最后展示出来的是忍受的文化还是选择的文化。由于法国汉学不是官方设定的，没有经历战争，所以

① 参见〔法〕金丝燕“文学中国在法国”，乐黛云、〔法〕李比雄主编：《跨文化对话》第32辑，生活·读书·新知三联书店2014年版，第311—333页。

法国对中国的文化接受是一种选择性的接受。

在这个层面上，接受研究领域里关于异托邦的研究很有意义。可以参阅汪德迈的《我之汉学研究的方法论问题》。①

忍受的文化反应有它的接受理论，选择的文化重视期待视野研究，主要是相异性的研究。我们通过对19世纪至20世纪中叶法国汉学界佛教研究的梳理，勾勒出近两百年来法国汉学研究的状态。它的历史和关注点，为接受研究范畴中的法国汉学对中国佛学的期待视野提供了研究案例。

欧洲佛学研究有三本刊物曾起到重要作用：1.《佛教书目》（*Bibliographie Bouddhique*, 1928—1958）是欧美、日本学者有关佛教的研究论文目录。法兰西远东学院院长培其尔斯基（Jean Przyluski, 1885—1944）任首位主编，藏学家玛塞勒·拉露②（Marcelle Lalou, 1890—1967）继任。2.《汉学与佛学丛刊》（*Mélanges Chinois et Bouddhiques*, Bruxelles: Institut Belge des Hautes Études Chinoises），于1931年创刊，由比利时汉学研究所主办，并由比利时佛教学者布桑③（Louis de La Vallée-Poussin,

---

① 〔法〕汪德迈："我之汉学研究的方法论问题"，张新木译，乐黛云、〔法〕李比雄主编：《跨文化对话》第23辑，第209—214页。

② 法国藏学家。

③ 又译普珊、蒲仙，比利时佛教学者，莱维的弟子，并师从巴特（A. Barth）、克恩（J. H. Kern）。精通梵语、藏语、古汉语。1893年，任比利时根特（Ghent）大学教授。1921年创立比利时东洋大学，创刊《汉学与佛学丛刊》。布桑曾校订《入菩提行论》（*Bodhicaryāvatāra*）及般若伽罗末提（Prajñākaramati）的注释（1901—1914）、龙树《中论颂》及月称《中论释》（*Prasannapadā*）、藏译《入中论》（*Madhyamakāvatāra*），并论著有《佛教——研究与资料》（*Bouddhisme: études et matériaux*, 1898—1918）、《涅槃论》（*Nirvānā*, 1925）、《佛教的道德》（*La morale bouddhique*, 1929）、《佛教之教义与哲学》（*Le dogme et la philosophie du Bouddhisme*, 1930）。

1869—1938）担任首位主编。1939—1945年，“二战”时该刊物只出版一期（第7卷）；战前为年刊，战后基本为三年一卷。3.《法宝义林》（*Hôbôgirin: Dictionnaire encyclopédique du bouddhisme d'après les sources chinoises et japonaises*）是佛教百科性辞典，集汉文佛典研究。它是由法国佛教学者莱维（Sylvain Lévi，1863—1935）、戴密微（Paul Demiéville，1894—1979）和日本学者高楠顺次郎（Takakusu Junjiro，1866—1945）于1929年创刊（fascicule 1，1929—1930，fascicule 2，1930，fascicule 3，1937，fascicule 4，1967，fascicule 5，1979，fascicule 6，1983，fascicule 7，1994）。从1962年起，该刊物由戴密微主持，已经出版七卷，以法文字母为序排列至法文字母“O”。

欧洲佛学研究传统上注重南传巴利佛教，以英德学派为主，重镇是“巴利圣典学会”（Pali Text Society）。它始建于1881年，注重巴利佛典的整理与研究论著的出版。

法国的佛教研究有近两百年的历史。比尔努夫（Eugène Burnouf，1801—1852）是最早的开拓者。汉学界佛教研究始于雷慕沙（Abel-Rémusat，1788—1832），继之者有儒莲（Stanislas Julien，1797—1873）、安东尼·巴赞（Antoine Bazin，1799—1863）、沙畹（Édouard Chavannes，1865—1918）、伯希和（Paul Pelliot，1878—1945）、马伯乐（Henri Maspero，1883—1945）、葛兰言（Marcel Granet，1884—1940）、莱维、勒内·格鲁塞（René Grousset，1885—1952）、谢和耐（Jacques Gernet，1921—2018）等。

法国的佛教研究重心在梵语文献、大乘佛教和佛教考古学。巴黎大学文学院、法兰西公学院高等中国研究所、国立东方语学院、巴黎高等社会科学研究院、法国远东研究所、巴黎国家图书馆东方文献库、吉美博物馆等都有佛教文献与文物收藏。

法国学者比尔努夫以尼泊尔的梵文原典和锡兰的巴利文原典为基础研究、校勘佛教的基本教义。儒莲对《大慈恩寺三藏大法师传》和《大唐西域记》进行了翻译，并对《大唐西域记》一书中的地名，参照梵文作出考证。莱维对唯识学进行研究，校勘《中边论颂》，法译《大乘庄严经论》，注疏《唯识二十颂》和《唯识三十颂》，以及疏安慧的《唯识论》。法国汉学家如雷诺、戴密微、谢和耐等对梵文文献和敦煌文献，尤其是对于阗文、龟兹文、回鹘文、粟特文等文献所做的翻译、考证注疏以及研究，形成法国汉学佛学研究的一个学派。

19世纪的法国，对中国的关注极为广泛。欧洲启蒙时代产生对“他者”的好奇心是一个重要影响因素。中国文学在广义上继续被接受。这里的广义，是指文史哲为一体的中国之文。这一时期的文学接受开始包含佛典与佛经故事翻译。

佛经法译始于法国学者比尔努夫，1834年，他在法兰西学院开设梵文课，后将《妙法莲华经》（*Sad-dharma Puṇḍarīka Sūtra*）由梵文译成法文（*Le lotus de la bonne loi*, BNF YA-353①），为汉学界之后的佛学研究发挥启蒙作用。比尔努夫从少年起随父亲学梵文，对知识有极大的好奇心，后学波斯文、巴利文、楔形文字。1826年，他与挪威学者拉森（Christian Lassen, 1800—1876）发表《巴利语论考》（论巴利语或恒河以东的半岛圣语），介绍欧洲学界对巴利语的研究情况。1844年，他的《印度佛教史导言》出版，对171部梵文贝叶经做了研究。该书研究佛陀和佛教的教义，尤其

① BNF YA-353，为法国国家图书馆的索书号。

介绍了《般若经》《楞伽经》《华严经》《金光明经》《法华经》等大乘佛教经典，为欧洲的梵语经典研究奠定了基础。①

法国首任汉学教授阿贝尔·雷慕沙所译《玉娇梨》（*Iu-Kiao-Li, ou Les deux cousines*）于1826年在巴黎出版。1827年，他编纂的三卷本《中国短篇小说》（*Contes chinois*, traducteur: Francis Davis, Thoms, Le P.d'Entrecolles, etc. BNF Y2-61862）出版。1836年《佛国记》（*Foĕ Kouĕ Ki, ou Relation des royaumes bouddhiques, voyage dans la Tartarie, dans l'Afghanistan et dans l'Inde*, BNF FOL-O2-562）出版，影响很大。

他一共写了22本论著，其中4部涉及佛教，即《法显撰〈佛国记〉》《佛图澄》《喇嘛教等级制度编年研究概述》《中国作者记载的佛教徒的宇宙志和宇宙起源论》，尤其是最后一本抓住了佛教最根本的东西，就像汪德迈先生抓住了中国的思想是"宇宙而上"一样。

法国汉学家儒莲，1832年当选法兰西学院教授。他精通梵文、中文，和雷慕沙一样，先由文学进入对中国的研究。儒莲于

① 他的重要论著与译作：

- *Essai sur le Pali* (1826)
- *Vendidad Sade, l'un des livres de Zoroastre* (1829—1843)
- *Commentaire sur le Yaçna, l'un des livres liturgiques des Parses* (1833—1835)
- *Mémoire sur les inscriptions cunéiformes* (1838)
- *Bhâgavata Purâna ou histoire poétique de Krichna* (3 volumes, 1840—1847)
- *Introduction à l'histoire du Bouddhisme indien* (1844; 1876)
- *Le lotus de la bonne loi, traduit du sanscrit, accompagné d'un commentaire et de vingt et un mémoires relatifs au buddhisme* (1852).

1832年在伦敦发表《灰阑记》全译本(*Hoeï-Lan-Ki,* ou *L'Histoire du Cercie de Craie*, BNF YA-739)。1834年，他所译的《白蛇精记》(*Blanche et Bleue,* ou *Les deux couleuvres-fées: roman chinois*, BNF Y2-18321),《平山冷燕》(*P'ing-chân-ling-yênou,* ou *Les deux jeunes filles lettrées*, BNF SMITH LESOUEF R-10547)在巴黎出版。同年，他的法译本《赵氏孤儿》(*Tchao-chikou-eul,* ou *L'Orphelin de la Chine*, BNF YA-855)出版。1853年，他翻译的《大慈恩寺三藏大法师传》(*Histoire de la vie de Hiouen-Thsang et de ses voyages dans l'Inde depuis l'an 629 jusqu'en 645*, BNF SMITH LESOUEF R-10565)出版。1857—1858年，他的法译本《大唐西域记》(*Mémoires sur les contrées occidentales*,BNF 8-O2S-56)出版。1859年，他翻译的《百句譬喻经》(*Les Avadânas: contes et apologues indiens inconnus jusqu'à ce jour, suivis de fables, de poésies et de nouvelles chinoises*, BNF YA-749, YA-750)出版。1860年,《中国短篇小说》(*Nouvelles chinoises*,BNF Y2-56906)在巴黎出版。1864年，他重译的法文本《玉娇梨》(*Les deux cousines, roman chinois* [Texte imprimé] / Yu kiao li, BNF SMITH LESOUEF R-10545)出版。同年他译的法文版《千字文》(*Thsien-tseu-wen: Le Livre des mille mots, le plus ancien livre élémentaire des chinois*, BNF SMITH LESOUEF R-10530)和拉丁文版《千字文》(*San Tseu King: Trium litterarum liber a Wang Pe-heou sub finem XIII sæculi compositus*, BNF 8-IMPR OR-10517)出版。1842年他所译法文版《道德经》(*Lao Tseu Tao te king: Le Livre de la Voie et de la Vertu*, BNF ZRE NAN-4663)出版。他的兴趣非常广泛，从文学到佛学，再到道家思想。1872年，由他翻译的法文《西厢记》(*Si-Siang-*

ki, ou l'histoire du pavillon d'Occident, BNF SMITH LESOUEF R-10639）在日内瓦出版。1869年,《中华帝国的古今工业》（*Industries anciennes et modernes de l'empire chinois*）出版。1969年,《汉文指南》（*Syntaxe nouvelle de la langue Chinoise fondée sur la position des mots suivie de deux traités sur les particules et les principaux termes de grammaire, d'une table des idiotismes, de fables, de légendes et d'apologues*）出版。他不仅编写汉文教本,还编写梵文教本,1861年写成《辨认梵文名称和用音标示它们的方法》（*Méthode pour déchiffrer et transcrire les noms sanscrits*）一书。

安东尼·巴赞是雷慕沙和儒莲的学生,东方语言学院教授。1841年,他翻译的法文版《琵琶记》（*Le Pi-Pa-Ki*, ou *L'histoire du Luth*, BNF YA-609）出版。1850年,他的研究著作《元代明初中国文学史图略》（*Le Siècle des Youên*, ou *Tableau historique de la littérature chinoise, depuis l'avènement des empereurs mongols jusqu'à la restauration des Ming*, BNF Z-41452）在巴黎出版。1856年,他的另一部著作《中华帝国宗教起源、历史与构成研究》（*Recherches sur l'origine, l'histoire et la constitution des ordres religieux dans l'Empire chinois*, BNF 8-IMPR OR-116 (5, 8)）出版,他的八本有关中国的论著,只有这本书里谈到了中国的佛教。

法国佛学家莱维与日本学者高楠顺次郎等共同创编了佛教百科全书《法宝义林》。这是世界上第一部用法文编写的佛教辞书,1929年出版第一卷。

莱维多次前往印度、中国、尼泊尔、朝鲜以及俄罗斯、巴勒斯坦等地,三次考察尼泊尔并得到梵文经典,其中多半为大乘佛典。他深入研究唯识学,发现《唯识三十颂》梵文本。他的27本论著中,有13部论佛教，《大庄严经论》由梵文译成法文（1907）。1918年他与俄国学者舍尔巴茨基（F. Th. Stcherbatsky）合作审校的《俱舍论》第一卷《界品》出版。莱维的特点是将18世纪圣经诠释学引入印度佛学研究，进而影响了法国汉学家、1893年主持法兰西学院汉学讲座的沙畹。

沙畹对汉学的贡献有三个方面：一是翻译与注释，以穷竭性的注释为研究方法；二是开创法国汉学的特色，这个特色由伯希和达到顶峰；三是将碑铭学和考古学引入汉学，汉学不再仅研究中国文学，也研究碑铭学和考古学。沙畹深入研究佛教、道教。1894年，他所译注的义净《大唐西域求法高僧传》（*Mémoire composé à l'époque de la grande dynastie T'ang sur les religieux éminents qui allèrent chercher la loi dans les pays d'Occident*, BNF 8-IMPR OR-1）出版。1895年，他所译《史记》（*Mémoires historiques de Se-ma Ts'ien*, BNF 8-NF-29051）出版，同年《悟空入竺记》（*Voyages des pèlerins bouddhistes: L'Itinéraire d'Ou-K'ong, 751—790*, BNF O2K-1006）出版。1910—1934年，他翻译的《中国佛藏五百故事选》（*Cinq cents contes et apologues extraits du Tripitaka chinois et traduits en français*, BNF 8-IMPR OR-295）在巴黎出版。1927年，《三至八世纪起源于印度的中国寓言》（*Fables chinoises du IIIe au VIIIe s. de notre ère (d'origine hindoue)*, BNF 8-NF-55945, 8-IMPR OR-11086 (2)）在巴黎出版。他的八本著作中有三本涉及佛教。

在这一代的汉学家中有一个特例是顾赛芬（Séraphin Couvreur, 1835—1919）。他是儒典翻译家，曾翻译《四书》《诗经》《书经》《礼记》，这几部经典均以拉丁文、法文、文言文出版。他翻译的《诗经》，与欧洲最早的法文版《诗经》即由法国耶稣会士孙璋（Alexander de la Charme）翻译、由朱利斯·莫尔（Julius von Mohl）编辑，1830年在德国斯图加特出版的全译本《孔夫子的诗经》（*Confucii Chi-king sive Liber carminum*, BNF NUMM-74452），相距66年。进入20世纪，顾赛芬的法译本《春秋左传》（*Tch'ouen ts'iou et Tso tchouan: la Chronique de la principauté de Lòu*, BNF 4-O2N-2392）于1914年由光启出版社出版，1951年巴黎卡塔西亚再版。1916年他所译的《仪礼》（*Le cérémonial*, 1951年巴黎卡塔西亚再版，BNF4-O2N-2415）出版。

伯希和的论著不多，文章很多。在世时他有四部论著出版，其中有三部是佛学文献学研究。《敦煌洞窟摄影集》促使常书鸿离开巴黎画坛，奔赴敦煌。伯希和的文献学研究为法国汉学和佛学研究奠定了坚实的基础。①

---

① 嗣后出版的论著：

- *Histoire secrète des Mongols: restitution du texte mongol et traduction française des chapitres I à VI*, Paris: A. Maisonneuve, 1949.
- *Oeuvres posthumes de Paul Pelliot II, Notes sur l'histoire de la Horde d'Or suivies de Quelques noms turcs d'hommes et de peuples finissant en "ar"*, Paris: A. Maisonneuve, 1950.
- *Mémoires sur les coutumes du Cambodge de Tcheou Ta-Kouan*, Paris: A. Maisonneuve, 1951 (1° édition).
- *Oeuvres posthumes de Paul Pelliot IV, Les Débuts de l'imprimerie en Chine*, Paris: A. Maisonneuve, 1953.
- *Oeuvres posthumes VI, Notes critiques d'histoire kalmouke*, 2 volumes, Paris: A. Maisonneuve, 1960.
- *Histoire ancienne du Tibet*, Paris: Librairie d'Amérique et d'Orient, 1961.
- *Recherches sur les chrétiens d'Asie centrale et d'Extrême-Orient*, 2 volumes, Paris: A. Maisonneuve, 1973—1984. （转下页）

马伯乐是法国汉学领域引领中国宗教研究的重要学者。他的重要贡献是阐明中国儒释道三家。他对道教的研究，在于论证了公元前后道教对于佛教传入中国的作用。马伯乐的十余部论著①中有四部关于佛教。

（接上页）

- Maillard Monique, Pelliot Paul, *Grottes de Touen-houang: carnet de notes de Paul Pelliot: inscriptions et peintures murales*, 6 volumes, Paris: Collège de France/Instituts d'Asie/Centre de recherche sur l'Asie centrale et la Haute Asie, 1981—1992.
- Le Fèvre Georges, Pelliot Paul, *La croisière jaune: expédition Citroën Centre-Asie, Haardt-Audouin-Dubreuil*, Paris: L'Asiathèque, 1991.
- Pelliot Paul, Takata Tokio, *Inventaire sommaire des manuscrits et imprimeś chinois de la Bibliothèque vaticane: a posthumous work*, Kyoto: Istituto italiano di cultura, Scuola di studi sull'Asia orientale, 1995.
- Forte Antonio, Pelliot Paul, *L'inscription nestorienne de Si-Ngan-Fou*, Paris: Collège de France, I.H.E.C, 1996.
- *Les routes de la région de Turfan sous les T'ang, suivi de L'histoire et la géographie anciennes de l'Asie centrale dans "Innermost Asia"*, Paris: Institut des hautes études chinoises du Collège de France, 2002.
- Ghesquiere Jérôme, Macouin Francis, Pelliot Paul, *Carnets de route: 1906—1908*, Paris: les Indes Savantes, 2008.

① 马伯乐的重要论著：

- *Les finances de l'Egypte sous les Lagides*, Nogent Le Rotrou: Imprimerie Daupeley-Gouverneur, 1905.
- *Études sur la Phonétique historique de la langue annamite: Les Initiales*, Hanoi: Imprimerie d'Extrême Orient, 1912.
- *La Chine antique*, Paris: PUF, 1927 (réédition, 1978).
- *Les Régimes fonciers en Chine*, Recueil de la Société Jean Bodin, Bruxelles: Imprimerie des Travaux publics, 1937.
- Lion Lucien, Maspero Henri, *Les ivoires religieux et médicaux chinois: d'après la collection Lucien Lion*, Paris: Editions d'art et d'histoire, 1939.
- Demieville Paul, Escarra Jean, Maspero Henri, *Les institutions* （转下页）

葛兰言的四部著作主要研究中国的节日、诗歌、舞蹈、传说与宗教，其中有一部论及中国佛教。①汪德迈认为葛兰言是法国最优秀的汉学家，而非通常认为的伯希和，因为伯希和不研究哲学，生前无研究论著。汪德迈和葛兰言有个共同点：极为重视中国哲学，以此为出发点研究中国。

勒内·格鲁塞，曾任塞努奇博物馆和吉美博物馆馆长。1946年，他当选为法兰西学院院士，共著有19部著作，研究印度、中国和日本的东方哲学，其中出版于1929年的《沿着佛陀的足迹》是法国

（接上页）*de la Chine: essai historique*, Paris: Presses universitaires de France, 1952.

- Maspero Henri, Stein Aurel, *Les documents chinois de la troisième expédition de Sir Aurel Stein en Asie centrale*, London: Trustees of the British Museum, 1953.
- *Mélanges posthumes sur les religions et l'histoire de la Chine*, 3 volumes, Paris: Presses universitaires de France, 1950 (réédition, 1967).
- Balazs Etienne, Demieville Paul, Maspero Henri, *Histoire et institutions de la Chine ancienne: des origines au XIIe siècle après J.-C.*, Paris: Presses universitaires de France, 1967.
- Maspero Henri, *Le taoïsme et les religions chinoises*, Paris: Gallimard, 1971.

① 葛兰言的四部著作：

- *Fêtes et chansons anciennes de la Chine*, Paris: Albin Michel, 1982 (1° édition, 1919).
- *La Polygynie sororale et le sororat dans la Chine féodale: étude sur les formes anciennes de la polygamie chinoise*, thèse pour le doctorat ès-lettres présentée à la Faculté des Lettres de l'Université de Paris, Paris: E. Leroux, 1920.
- *La religion des Chinois*, Paris: Albin Michel, 2010 (1° édition, 1922).
- *Danses et légendes de la Chine ancienne*, Paris: Presses universitaires de France 1994 (1° édition, 1926).

汉学研究佛学的要著。①

勒内·格鲁塞的四部关于欧洲与亚洲学重要论著分别是《草原帝国》《十字军史》《世界的征服者：成吉思汗传》和《东方文明史》，都具有世界历史和跨文化学的视野。

戴密微是汪德迈先生的三位导师之一。戴密微把汪德迈先生带上了汉学之路，让他去日本学习汉语，后来又推荐他去香港师从

---

① 勒内·格鲁塞的论著：

- *Histoire de l'Asie*, 3 tomes, Paris: G. Crès, 1922.
- *Histoire de la philosophie orientale: Inde, Chine, Japon*, Paris: Nouvelle Librairie Nationale, 1923.
- *Le Réveil de l'Asie: l'impérialisme britannique et la révolte des peuples*, Paris: Plon-Nourrit et Cie, 1924.
- *Histoire de l'Extrême-Orient*, Volume 40, P. Geuthner, 1929.
- *Les Civilisations de l'Orient*, Volume 2, G. Crès et cie., 1929—1930.
- *Sur les traces du Bouddha*, Paris: Plon, 1929.
- *Philosophies indiennes*, Volume 2, Desclée de Brouwer et Cie, 1931.
- *Histoire des croisades et du royaume franc de Jérusalem*, 3 tomes, Librairie Jules Tallandier, 1934—1936.
- *L'Empire des steppes, Attila, Gengis-Khan, Tamerlan*, Volume 8, Paris: Payot, 1938.
- *La Sculpture des Indes et de la Chine*, Libr. des arts décoratifs, 1939.
- *L'Épopée des Croisades*, volume 38, Paris: le Club français du livre, 1939.
- *Histoire de la Chine*, Paris: Payot ,1942.
- *Le Conquérant du monde: Vie de Gengis-Khan*, A. Michel, 1944.
- *Bilan de l'Histoire*, Desclée de Brouwer, 1946.
- *L'Empire du Levant*, Paris: Payot, 1949.
- *La Chine et son art*, Paris: Librairie Plon,1951.
- *L'Empire mongol*, Paris: E. de Boccard, 1941.
- *L'Homme et son histoire*, Paris: Plon, 1954.
- *Histoire de l'Arménie des origines à 1071*, Volume 61, Paris: Payot, 1973.

戴密微的好友饶宗颐。戴密微曾在厦门大学日本法日研究所任教，并担任中国学杂志《通报》主编。

汪德迈曾多次回忆戴密微对他的指导。他记得戴密微在巴黎东方语言学院任教时要求学生背诵《康熙字典》的214个偏旁。在戴密微入教法兰西公学院后，汪德迈忠实地追随导师，每课必上。戴密微会讲意大利语、英语、德语、俄语，精通拉丁文、梵文、日语、汉语，爱好弹钢琴，熟谙欧洲文学，性情温和，这一切都让汪德迈赞叹至今。在完成巴黎的汉学教程之后，戴密微派汪德迈去日本和中国继续深造，进而让他成为饶宗颐的弟子和好友。

戴密微以佛学家著称，但首先是中国文学研究者。他把中国古典文学置于至高无上的地位，从中国古典文学和哲学的角度出发去探究佛教对中国文化的影响。他的七部论著中有六部写佛教，[①]在法国汉学界引领佛教传统研究。此外他还有中国禅宗临终偈诵译著。

---

① 戴密微论著：

- *Les versions chinoises du Milindapanha*, in BEFEO 24/1—2, Vol. 24, 1924, pp. 1–258.
- *Hôbôgirin, Dictionnaire encyclopédique du bouddhisme d'après les sources chinoises et japonaises*, Vol. 4, Tokyo: Maison franco-japonaise, 1929—1937.
- *Le concile de Lhasa. Une controverse sur le quiétisme entre bouddhistes de l'Inde et de la Chine au VIIIe siècle de l'ère chrétienne*, Collège de France, Institut des hautes études chinoises, Bibliothèque de l'Institutdes hautes études chinoises, Vol. VII, 1952，汉译本《吐蕃僧诤记》，耿昇译，甘肃人民出版社1984年版。
- *Anthologie de la poésie chinoise classique*, Paris: Gallimard, 1962.
- *Entretiens de Lin-tsi*, Paris: Fayard, 1972.
- *Choix d'études sinologiques*, Leyde: E. J. Brill, 1973.
- *Choix d'études bouddhiques*, Leyde: E. J. Brill, 1973.

谢和耐是戴密微的弟子，汪德迈最好的朋友，法兰西学院院士，法兰西公学院教授。他的十本书中有五部是佛学论著，①其中《中世纪佛教寺院的经济》是他的博士论文。谢和耐是承前启后的一位重要汉学家。法国汉学由此逐渐转向中国社会与中国心态研

---

① 谢和耐的重要论著：

- *Entretiens du maître de dhyâna Chen-houei du Ho-tsö, 668—760*, Hanoi: EFEO (PEFEO, 31), 1949, [réimpr. 1974].
- *Les Aspects économiques du bouddhisme dans la société chinoise du Ve au xe siècle*, Saigon: EFEO (PEFEO, 39), 1956, [réimpr. 1977; trad. chinoise, 1987 et 1994; anglaise, revue et augmentée, 1995].
- *La vie quotidienne en Chine à la veille de l'invasion mongole*, Paris: Hachette, 1959, [réimpr. 1978, 1990; trad. anglaise, 1962; rééd. 1977 et années suivantes; hongroise, 1980; chinoise, 1982; italienne, 1983; japonaise, 1990; nouvelle trad. chinoise, 1995].
- *Catalogue des manuscrits chinois de Touen-houang, fonds Pelliot chinois,* Vol. 1, avec Wu Chi-yü, Paris: Bibliothèque nationale, 1970.
- *Le Monde chinois*, Paris: A. Colin, 1972, [réimpr. 1980, 1990; rééd. poche en 3 tomes chez Pocket, 2006; trad. italienne, 1978; allemande, 1979; anglaise, 1982, 1983, 1985; roumaine, 1985; coréenne, 1985; espagnole, 1991; trad. chinoises, 1990 et 1995; anglaise, revue et augmentée, 1996; trad. hongroise, 2001].
- *Chine et christianisme, action et réaction*, Paris: Gallimard, 1892 [rééd. sous-titrée: La première confrontation, 1991; trad. allemande, 1984; italienne, 1984; anglaise, 1985; espagnole, 1989; chinoises, 1989 et 1991; japonaise, 1996].
- *Tang Zhen, Écrits d'un sage encore inconnu*, Paris: Gallimard, 1991.
- *L'Intelligence de la Chine: le social et le mental*, Paris: Gallimard, 1994.
- *La Raison des choses: Essai sur la philosophie de Wang Fuzhi (1619—1692)*, Paris: Gallimard, 2005.
- *Société et pensée chinoises aux XVIe et XVIIe siècles* (résumés des cours du Collège de France, 1975—1992), Paris: Fayard/Collège de France, 2007.

究，并逐渐形成“中国学”。

童丕（Éric Trombert，1947—），敦煌学专家，研究敦煌佛教的专著有六部。①

我们对18至20世纪上半叶法国汉学研究论著进行摸底，发现13位汉学家出版了近145部论著，其中三分之一为佛学研究，三分之二为中国学研究（见图1）。从18世纪末到20世纪中期，中国经典、佛学以及关于中国的专题研究开始成为汉学的三大研究关注点。

我在《文学中国在法国》一文中提出，18世纪的法国对中国的接受是以中国文学为核心的。②这一情况在19世纪发生了变化。这一时期的接受开始包含佛典与佛经故事翻译，而佛学研究在20世纪上半叶的法国汉学中占有重要位置。20世纪下半叶开始，法国汉学的研究视野从中国古代文学、哲学和佛学扩大到历史学、社会学、经济学、语言学和现当代文学。

---

① 童丕的重要论著：

- *La volonte d'orthodoxie dans le bouddhisme chinois,* Paris: Presses du CNRS, 1988.
- *Le bouddhisme Ch'an en mal d'histoire: Genese d'une tradition religieuse dans la Chine des T'ang (Publications de l'Ecole francaise d'Extreme-Orient) (French Edition),* Paris: A. Maisonneuve, 1989.
- *Le crédit à Dunhuang: Vie matérielle et société en Chine médiévale,* Paris: Ihec/Inst. Hautes Études, 1995.
- *Bouddhisme,* Paris: Liana Levi, 1997.
- *Bouddhismes, Philosophies et Religions,* Paris: Flammarion, 2000.
- *Sexualités bouddhiques-entre desires et réalités,* Paris: Flammarion, 2005.

② 〔法〕金丝燕：“文学中国在法国”，乐黛云、〔法〕李比雄主编：《跨文化对话》第32辑，第311—333页。

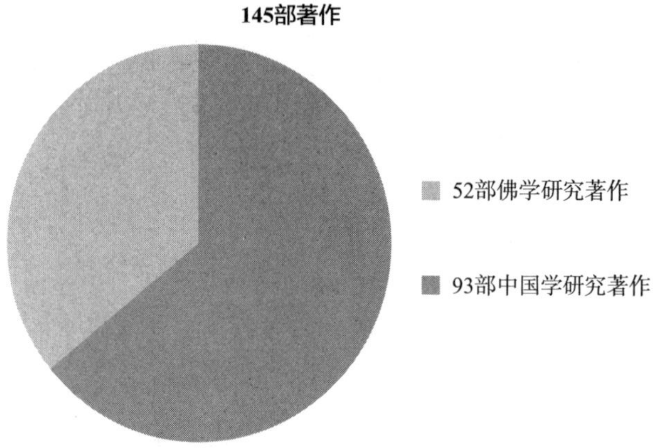

图1　18世纪末至20世纪中期法国汉学家关于中国学以及佛学研究著作示意图

三、《跨文化对话》的期待视野

《跨文化对话》与人类进步基金会密切合作。杂志开辟了一方思考天地，讨论一些重要话题，比如国家治理、高等教育改革、新型发展模式以及共同伦理基础。该杂志是人类进步基金会表达思想、宣传活动的重要媒介。集刊的主编为乐黛云、李比雄，副主编为陈越光、金丝燕，执行主编为钱林森。创刊的想法是在1996年南京国际会议上提出的，具体编辑工作由人类进步基金会、北京大学和南京大学等共同承担。第1辑于1998年10月面世。该刊的宗旨是打破单一的政治、文化和社会思想格局，促进中外思想交流，增进相互了解，并通过引进新思想为中国社会改革做出贡献。《跨文化对话》自创立起便得到了人类进步基金会的资助。资助分两次支付，总额达六万法郎，主要用于支付翻译及编辑费用。米歇尔·苏盖（M. Michel Sauquet）和嘉特琳·盖尔尼耶承担了中欧间的部分协调工作，并负责该杂志法文版的出版。该杂志的创办缘起，在钱林森《〈跨文化对话〉与夏尔-雷奥波·梅耶人类进步基金会合作纪实》一文中有清楚记载：

> 创办《跨文化对话》双语国际论丛的设想，是1996年4月在南京大学举办的“对话：文化的差异与共存”中欧跨文化国际研讨会上提出的。南京会议是由中国文化书院跨文化研究院、中国比较文学学会知名学者汤一介教授、乐黛云教授牵头，与欧洲跨文化研究院合作，继1991年3月中山大学“文化的双向认识策略”、1993年6月北京大学“独角兽与龙——在寻找中西文化普遍性中的误读”之后的第三次国际跨文化学术会议，是法国人类进步基金会和创设中的《跨文化对话》携手合作的起步：时任出版与交流部主任的苏盖先生代表基金会率团前来南京，与南京大学比较文学与比较文化研究所所长钱林森教授联手主持了这次盛会，积极支持《跨文化对话》的创意和实施。同年8月，北京大学、南京大学、欧洲跨文化研究院三方又在北京相聚，就《跨文化对话》丛刊的组织、宗旨、组稿和出版等方面进行具体磋商。1997年5月，在北大召开的“中国和欧洲：未来十年人们最关切的问题”第四次跨文化国际学术讨论会后，有关方面对此又作了进一步的商谈。是年7月，法国夏尔-雷奥波·梅耶人类进步基金会在巴黎维拉苏古堡举办了由中法相关学者、出版机构代表参加的中欧合作出版会议，达成了包括创办《跨文化对话》丛刊在内的一

系列合作协议。经中法双方两年多积极筹备,《跨文化对话》中文版创刊号终于于1998年10月由上海文化出版社出版,当年11月在上海举行隆重的首发式,正式与中国广大读者见面。迄今为止,已出版20期。由此可见,《跨文化对话》的诞生与基金会的合作是同步进行、密不可分的,有着深刻的国际文化合作背景和坚实的学术基础。①

(一)怎样的读者?怎样的作用?

当时本刊的读者主要是大中学生、大学教员和职业人士。他们被国际间的讨论和思考所吸引。这本杂志可作为他们同国际知识界和其他国际友人互通有无的桥梁。较之于因特网,白纸黑字的杂志对中国人来说是一种更可靠的交流途径。

2004年4月起,该杂志电子版在北京大学网站发表,有1473名网友点击阅读,全都是大学生。

《跨文化对话》以增进中外学者交流为己任,力图使众人的研究成果在学界得到广泛共享。因此,自创刊始,该刊的读者定位就是学者和大学教员。它的编辑委员会汇集了中欧大家,阵容强大,保证了它的学术性、严谨性。杂志以跨文化和跨学科特性吸引了中西众多研究者。

该杂志也引起了中国新兴精英阶层的兴趣。近十几年来活跃

① 钱林森:"《跨文化对话》与夏尔-雷奥波·梅耶人类进步基金会合作纪实",乐黛云、〔法〕金丝燕主编:《编年史:中欧跨文化对话(1988—2005)——建设一个多样而协力的世界》,南京大学出版社2008年版,第52—53页。

在中国学术界的众多研究者都与我们的杂志有密切合作，并与我们分享他们的研究思考成果。我们的杂志还深受众多导师和学生的好评，他们把《跨文化对话》看作发表他们的研究成果的一个平台。

《跨文化对话》杂志是人类进步基金会“跨文化丛书”的一个组成部分，也是现今唯一一份中法合办杂志。该杂志对中国民间力量的兴起给予特别关注，这也是人类进步基金会关心的核心议题之一。《跨文化对话》曾有两辑专刊介绍该基金会的活动：第9辑介绍了2001年12月在里尔举办的世界公民大会，其中包括皮埃尔·卡兰姆和金丝燕的谈话以及另外6篇文章；第12辑介绍了2003年2月在北京召开的题为“跨文化对话的回顾与前瞻”的国际研讨会，其中有对会议的深入报道及其他7篇文章。此外，在前辑出版的16辑中，有13辑杂志的26篇文章（随笔、文献、文章、谈话等）和4篇通讯介绍了人类进步基金会从1998年到2007年的活动。

（二）《跨文化对话》做了什么？

2015年12月16日，在《跨文化对话》编辑委员会的年度会议上，董晓萍做了总结报告。摘录如下：

> 我们的工作，概括地说，共有三项，同步抓三个重点。
>
> 第一，在北师大举办“跨文化方法论研究首期讲座”，近1月中，中欧学者9人组成师资团队，共21讲，60学时。参加听讲的来自14个专业，共计1206人次，引起较大反响。同时以

“互联网+”为目标，重点建设：（1）跨文化方法论研究专题数据库1个；（2）建立手机微信平台1个。

第二，在北师大进行人文社科传统学科整合，发挥百年学府优势，同时以国际化中的大学校长工作为目标，重点是金砖国家大学，在“金砖大学校长会议分论坛”上做《跨文化与当代高等教育》主题演讲。

第三，跨文化学科建设：（1）在金丝燕教授提议下，进行全球范围内跨文化研究机构与院校学科调查；（2）在中国语言文学一级学科下，建设“跨文化学”二级学科，重点是博士生培养，《人民日报》政治文化部在11月5日报道《跨文化方法论成为新兴学科　让中国更好地与世界对话》。

这些工作的基础，是使用乐黛云先生主编的《跨文化对话》杂志的资料，《跨文化对话》是国内高校唯一一份将跨文化研究与高等教育联系最紧密的杂志，储存了连续17年的资料，虽然不一定是最齐全的，但应该是目前可以使用的比较完整和可靠的资料。被关注的有三个问题：一是中国经济崛起会推动中国承担探索世界多元文化教育模式的责任，二是反思20世纪大学分科教育的问题，三是加强学术共同体建设的必要性。

一、中国经济崛起推动中国承担探索世界多元文化教育模式的责任

进入21世纪以来，中国经济全面崛起，紧接着迎来世界其他国家对中国政治、军事、文化的高度关注。此外，在当今时代，全球化网络覆盖各国、学术论文流水线一头连着书斋、一头连着互联网，多语种网络信息混合发布，而这种种变化都会反馈到一个根本问题上，就是对中国悠久的历史文明与现

代化社会制度体系的转型的文化阐释上。

应该说，20世纪以来，战后的和平教育、市场经济和高科技教育、世界化移民流动的文明重建教育、各国风俗习惯和宗教信仰的价值教育等，这些都很重要，但还要在此基础上建设包容差异、同时能跨越差异而共享人类优秀精神文明成果的整体教育系统建设。目前这种建设已不是一句空话，它已有的框架性工作就是跨文化对话。

什么是跨文化对话？首先要了解什么是全球化问题？殖民时代有研究没对话，战争时代没研究没对话，全球化时代有研究有对话，海外汉学家与本土学者正在平等学术机制下建立学术共同体，这是全球化现象与全球化问题共同引起的。

汪德迈教授在接受荣誉职衔后发表了简短而内容深刻的答谢词，他说："我勤奋工作，六十年来，几乎没有一天不读，哪怕是几行字的中文。但我没有任何功绩可言。因为我的努力始终迅速被发现的欣喜所回报，哪怕是细微的发现，对于我都是中国文化不可枯竭的丰富性的展现，中国文化三千年来不断发展，在依旧活跃至今的所有文化中最为古老。诚然，它在与西方激烈的现代化的相遇中受到冲击，深受伤害，在近两个世纪中，震荡不断；但是，它现在开始重获青春，那是它自己的、现代化的青春，我深信，这一青春将瞩目于21世纪。我坚信中国文化的未来。我为自己的文化，法兰西文化曾经在西方最先向中国开放而特别感到荣幸，这有助于我继承三个世纪的法兰西汉学研究传统、进行微薄的研究。我希望能够由我将这一传统传给为数不多的善意来听课的学生们。无论怎样，我传给他们的是一种激情：对中国人文主义的热爱。"

中国历史文明中的儒家礼仪道德文化的价值及其现实性处于中西跨文化对话的十字坐标上，任何忽视这个核心的中国话语权构建都会失去内聚外吸的力量。汪德迈说，他接受汤先生的观点，中国人应该用中国自己的材料解释中国文化，说明中西文化的差异，不能跟着西方人的表音表意分析框架走，中国人的思维逻辑和文化模式起步于中国文字。中国人从甲骨文开始，建立礼仪文明，形成治国方略，不同于欧洲的宗教制和权力制，有值得欧洲学习的优越性。①

乐黛云先生认为，要研究处于中西坐标上的跨文化方法论研究的学术史及其基本理论问题，至少要注意四点：（1）普遍性与特殊性的悖论；（2）保持文化纯粹和相互影响的悖论；（3）正确理解自我与他者的关系；（4）认识差异与间距的问题。乐教授近三十年来在现代文学领域开创了国内的比较文学专业，再转向跨文化学科建设，是实质性的转向。跨文化与比较文学不同的是，比较文学搭起中外文化对话的桥梁，跨文化要建立中外学术共同体，培养新一代国际汉学家。北师大王宁先生同意乐老师的观点，认为培养一个汉学家顶一千个孔子学院的教师。

金丝燕强调跨文化方法论研究，含义有三：一要探讨跨文化性的概念，提高文化个体或文化群体的放眼能力，这成为一

① 参见〔法〕汪德迈"'占卜学'对'神学'、'表意文字'对'拼音文字'"，于珺译，乐黛云、〔法〕李比雄主编：《跨文化对话》第29辑，生活·读书·新知三联书店2012年版，第1—4页；〔法〕汪德迈"古代中国占卜术派生的理性思维"，许明龙译，李学勤、〔法〕龙巴尔主编：《法国汉学》第1辑，清华大学出版社1996年版，第263—288页。

条通往文化自觉的道路；二是跨文化研究提出主流文化与被主流文化所控制的或者是不同文化之间的互动性问题；三是揭示文化冲突各方的接触点，探讨各文化间的可能的联系、对抗、相关性、交流和互动。①

但是，正是我们祖先创造的道德礼仪文化，从丝绸之路起，有了千百年的输出史，但同样走过曲折的道路，连在中国文化内部也曾引起怀疑。然而这一切所能告诉我们的最重要道理，在今天看来，仍然是在多元文化教育中注意跨文化创新阐释的重要性。著名传统语言文字学家王宁教授指出，"'礼'是体制与行为、思想的总称，'礼仪'是在体制需要的前提下思想的外化行为。体制在国家的层面，礼仪在个人的层面。礼仪的形式随着时代的变化已无法继承，但礼学中所反映的思想和理念是可以继承的，因为其中一部分带有社会和人际关系的道德思想具有普遍意义，而且是中国式的。礼仪文化中优秀的思想传统可总结为八点：崇尚天然，追求人和，以民为本，亲仁善教，修身自律，权变致用，贴近生活，精益求精。现代人对传统儒家的礼制传统既要批判地继承，又要与法律的完善同时，重新建构。"②北京大学王邦维教授指出，很多民

① 参见〔法〕金丝燕"跨文化研究学科建设"，乐黛云、〔法〕李比雄主编：《跨文化对话》第24辑，江苏人民出版社2008年版，第67—75页；〔法〕金丝燕"中国对他者的期待视野"，乐黛云、〔法〕李比雄主编：《跨文化对话》第29辑，第230—254页。

② 参见王宁"文明的晨曦——汉字的起源"，何九盈等主编：《汉字文化大观》，人民教育出版社2009年版；王宁"论汉字与汉语的辩证关系"，《北京师范大学学报》，2014年第1期，第76—88页。另见李国英"《说文解字》研究的现代意义"，《古汉语研究》，1995年第4期，第18—22转第40页；李国英"论汉字形声字的义符系统"，《中国社会科学》，1996年第3期，第186—193页。

族曾认为自己处于世界的中心，在心理和文化上都有一种优越感。这样的情况，在中国有过，在印度也有过。但在他人面前自认为优越，是人性的一部分吗？这种优越感会影响到文化的交流吗？对这些问题也应该讨论。

目前还存在的问题是西方发达国家与发展中国家大学的跨文化对话的矛盾。以《跨文化对话》杂志数据为例，西方发达国家学者仍控制主流话语，而以发展中国家为主的金砖国家仍处在被主流的话语圈中。①

从1998—2010年的12年数据看，法国学者的论文数量占71.83%（注意法方是该杂志的主办单位之一），中国、美国、德国和瑞士学者的论文数量占28.17%（见图2）。

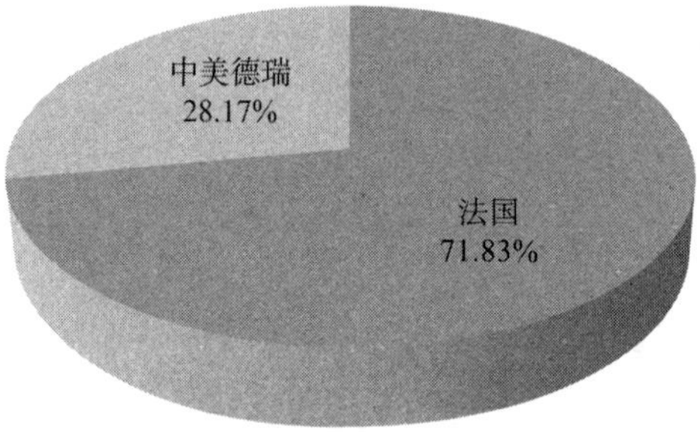

图2 《跨文化对话》参与国家学者论文数据比较示意图（1998—2010）

金砖国家包括上面提到的中国，还有印度、俄罗斯和巴西都在参与，但数据不足（见图3）。

据对《跨文化对话》16年来作者的国籍统计，中国作者为

① 董晓萍、〔法〕金丝燕：《〈跨文化对话〉分类研究数据分析》，修改中。

344人次，占比超60%，当然这与这本杂志是中文杂志有关。不过这里的问题是，处于发出声音的有利位置的中国学者，如何将中国辉煌的历史文明、中国传统文化的当代研究成果，与海外汉学同行进行有效的对话？如北京师范大学校长董奇指出，中国的历史文明世界知名，法国汉学影响很大，但如何在两者之间进行积极对话？如何将这些现代研究成果投入教育实践，转化为大学课程，激励各国年轻一代为延续人类优秀文明而携手奋斗？这是我们双方高等教育工作者都要思考的大问题。

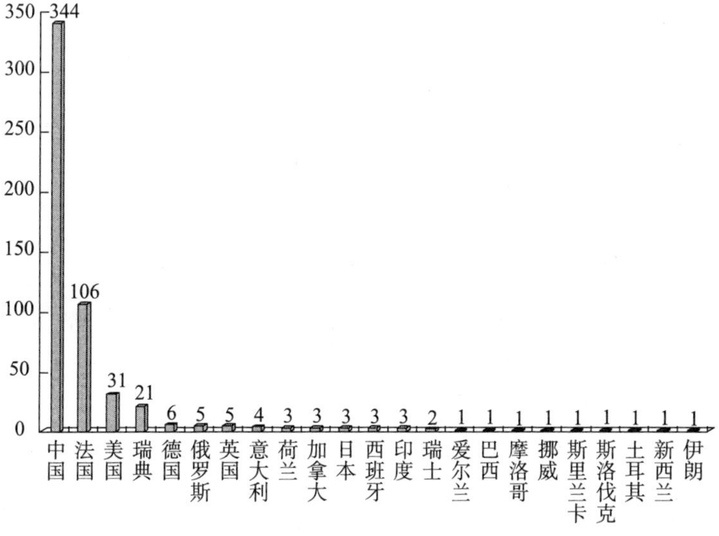

图3　《跨文化对话》创办16年作者国籍分布总图（1998—2014）

从本阶段工作看，2016年，应增加金砖国家学者约稿。

二、对20世纪大学分科教育与分割文化差异的矛盾的反思

从《跨文化对话》杂志看，我们提出跨文化研究与多元教

育，就不只是关心自我提出的问题，还要关心他者的问题，彼此交流、互动和互看。从《跨文化对话》搜集到的共识问题有：世界汉学（第11辑），世界文化语境中的中国（第20辑），持续性发展模式——中国经验（第27辑），中国传统文化研究（第18辑），儒学与杜威的实用主义（第27辑），文化传承与空间发展（第25辑），跨文化与比较文学研究、未来十年中国和欧洲最关切的问题讨论（第1辑），跨学科、跨文化、欧亚关系再讨论（第19辑），海内外儒学研究（第22辑），中外文学关系研究（第29辑）。在这些栏目和文章中，中国文化书院的贡献不可忽视（见图4）。

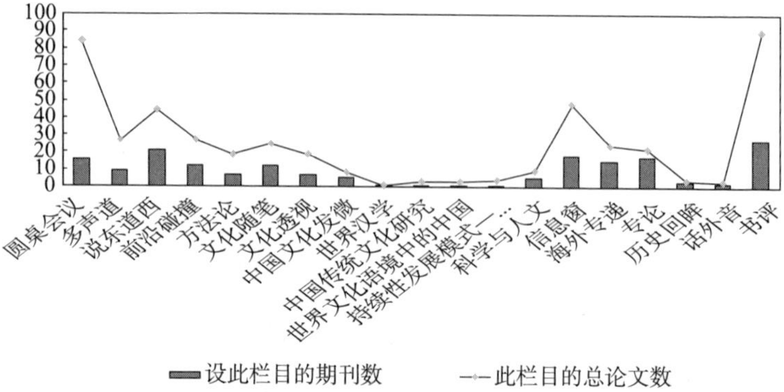

图4 《跨文化对话》15年中热点栏目论文数据分布（1998—2013）

从图4看，在具有共识的热点问题中，多元文化交流信息问题，如“圆桌会议”“信息窗”和“海外专递”双向碰撞、多元发声，栏目活跃，“说东道西”和“书评”广受好评。此外，单纯阐释中国文化的，只发出单一声音的，如“中国传统文化研究”，关注量很少。还有，金砖国家的问题少。

现在我们处于网络信息化时代，知识传承和文化功能的承载介质在转变，从纸媒转为无纸化多媒体。但多媒体本身并不会研究，多元文化教育不会从网上自动产生，相反它需要像纸介文化那样从大量的基础研究中积累。仅从跨文化网站的数据看，网站在嫁接跨纸介成果与网民的兴趣上，是直通车。网络的快速发展对金砖五国的跨文化教育有利（见表1）。

表1 《跨文化对话》网站含金砖五国国际地域访问量分布一览表（2014.7.1—11.8）

编号	国家	访问量
1	中国	992
2	巴西	53
3	法国	30
4	美国	27
5	加拿大	15
6	德国	14
7	英国	5
8	马来西亚	5
9	意大利	5
10	比利时	3
11	墨西哥	3
12	新加坡	3
13	韩国	3
14	瑞典	3

续表

编号	国家	访问量
15	印度	2
16	哥伦比亚	2
17	南非	2
18	日本	2
19	阿曼	1
20	西班牙	1
21	秘鲁	1
22	新西兰	1
23	荷兰	1
24	特立尼达和多巴哥	1
25	俄罗斯	1
26	捷克	1
27	瑞士	1
28	毛里求斯	1
29	厄瓜多尔	1
30	摩洛哥	1
31	越南	1
32	澳大利亚	1
33	葡萄牙	1
34	泰国	1
35	巴拿马	1
36	几内亚	1

以上表1是第一次呈现《跨文化对话》专业学术杂志网站

上的金砖五国汇集的状态，但从这张表中也能看到另外的问题，就是除了中国和巴西，印度、南非和俄罗斯的访问流量分别为2、2、1，声音仍然微弱。

但网络访问主体以青年一代为主，这就产生了对多元文化教育的紧迫需求，原因有三：（1）网络信息的统一流行化造成对多样化的祖先文化的疏远，青年一代在花样翻新的外来时尚与“手慢眼拙”的本土文化之间需要构建新的认知，需要新的辨识力；（2）网络缺乏阐释，这就营造了非纸媒时代的多元文化教育的新战场；（3）网络推动青年一代去追求看得见的物质力量，于是为什么需要精神文化？为什么要恪守人文精神，需要给出新的解释。

（三）《跨文化对话》的跨文化性与期待视野

《跨文化对话》的跨文化性和期待视野如何呢？我们从另一个层面切入。首先，我们对杂志发表的文章分阶段作了归类，分两组分析：第一组，第1—4辑（1998—2000），第二组，第28—32辑（2011—2014），分别看两个阶段的情形。

1.《跨文化对话》杂志第一阶段：第1—4辑（1998—2000）的期待视野和关注

第1辑（1998）有作者19人，其中9人来自中国（其中香港地区1人），6人来自法国，2人来自美国，来自英国、意大利的各1人。所刊登的20篇文章，7篇以历史为主题，4篇以语言学为主题，3篇论科学，少数民族和语义学主题的各2篇，人类学和宗教的各1篇。

第2辑（1999）有24位作者，分别来自6个国家，中国有15位，美国3位，法国和挪威各2位，日本和德国各1位。中国作者的数量和第1辑一样居首，美国第二，法国和挪威处于第三位。这一期的论文共27篇，包括社会学类15篇，经济类4篇，政治类3篇，文学和历史类各2篇，环保类1篇。

第3辑（2000）有23位作者，分别来自5个国家。其中中国有17位，法国和美国各2位，德国和西班牙各1位。22篇文章中，论文化的有9篇，居首；论文学的次之，有4篇；论中医、哲学与教育的各2篇；论科学、中国文字和外语的各1篇。

第4辑（2000）有20位作者，10位来自中国（其中台湾地区1位），和前面几辑的情形一致。法国有4位，位次第二，和第1辑一样。意大利、英国、加拿大、西班牙、德国和日本各1位。所发表的15篇论文中，文学类7篇，哲学类5篇，神学、跨文化学、艺术类各1篇。文学论题居首，哲学次之，从第4辑开始，论题框架发生变化。

《跨文化对话》杂志第一阶段的第1—4辑（1998—2000）的作者及其国籍情形显示出该杂志第一阶段的期待视野和关注在整个人文学科各个领域。

2.《跨文化对话》杂志第二阶段：第28—32辑（2011—2014）的期待视野和关注

第28辑（2011）作者有41人，人数较第一阶段增加一倍，其中22位来自中国，15位来自法国，美国3人，意大利1人。所发表的39篇文章中，谈全球化与多元化论题的有6篇，以“怀旧与未来”为主题的论文有8篇，方法论研究的有3篇，以“汉学与汉学主义”

为主题的有9篇，比较文学研究论文7篇，文化论文6篇。“汉学与汉学主义”的论文数量居首。该期“怀旧与未来”专题论文数量次之，比较文学主题论文数量居第三，文化和全球化主题论文数量居第四位。从该期论文主题看，《跨文化对话》这一辑的重心在文化和比较文学。

第29辑（2012）作者有41人，人数与上一辑相同。其中包括中国28人，法国8人，美国3人，意大利和德国各1人。这一辑中国作者人数约占总人数的68%。所发表的文章中，文化论文有3篇，跨文化宣言1篇，复杂性思维论5篇，围绕弗朗索瓦·于连的哲学论文4篇，方法论研究4篇，诗学3篇，古典新读4篇，文学与思想史8篇，中外关系研究7篇，信息文稿2篇，共41篇。文学与思想史文章数量居首，中外关系次之，复杂性思维位列第三，哲学、方法论研究和古典新读居第四位。

第30辑（2013）作者有36人，其中中国24人，法国8人，美国2人，意大利和斯洛文尼亚各1人。所发表的论文，以跨文化研究为主题的大幅度上升，有13篇，科学和文学论题的各5篇，艺术类4篇，政治和哲学为主题的各3篇，关于交流史的2篇，信息窗1篇，共36篇。

第31辑（2013）作者有39位，其中中国28人，法国5人，德国和加拿大各2人，瑞士和日本各1人。中国作者居首，法国次之。共发表39篇文章，其中文学11篇，语言学8篇，政治论文7篇，哲学5篇，历史3篇，神学2篇，环保、社会学和交流史各1篇。文学主题再一次回归主导位置。政治、哲学次之。新加入的是神学主题。

第32辑（2014）作者有29人，其中中国21人，美国3人，英法各2人，瑞士1人。所发表的31篇文章中，文化论有8篇，位居第一；外语类4篇，位居第二；中国文字论4篇，位居第三；哲学类3篇；文学类2篇，退回很次要的位置；历史、农业、科学、社会学、艺术各1篇，其他信息类5篇。

《跨文化对话》杂志第一阶段与第二阶段的作者和国度情形如下表[①]：

表2 《跨文化对话》杂志第一、二阶段

作者国家分布一览表

	作者国家分布	作者总数
第1辑	中国9法国6美国2英国1意大利1	19
第2辑	中国15美国3法国2挪威2日本1德国1	24
第3辑	中国17法国2美国2德国1西班牙1	23
第4辑	中国10法国4意大利1英国1加拿大1 西班牙1德国1日本1	20
第28辑	中国22法国15美国3意大利1	41
第29辑	中国28法国8美国3意大利1德国1	41
第30辑	中国24法国8美国2意大利1斯洛文尼亚1	36
第31辑	中国28法国5德国2加拿大2瑞士1日本1	39
第32辑	中国21美国3法国2英国2瑞士1	29

中国作者群在第一阶段居首位，而且数量从第1辑的9位增至第3辑的17位。其他作者的国际性比较显著，他们分别来自法国、

① 徐萌制作。

美国、意大利、英国、挪威、日本、德国、加拿大、西班牙。

第二阶段的第28—32辑（2011—2014）作者人数明显增加，以中国作者群为主，始终约占总数的一半或三分之二。作者的国际性与第一阶段同样显著，他们分别来自法国、美国、意大利、日本、德国、加拿大、斯洛文尼亚、瑞士、英国。人数上，法国与美国交替处于第二位。

除了中国的主导地位和国际性相同外，这一阶段的期待视野和关注与上一阶段相同的是以整个人文学科为对象。第二阶段新增的内容是明确提出跨文化研究宣言，并将之列入人文学科。

《跨文化对话》杂志第42—45辑（2020—2022）阶段的期待视野和关注是怎样的情形呢？我们也可以用同样的方法做取样摸底工作，逐渐勾勒出《跨文化对话》杂志的期待视野，也就是跨文化研究二十余年以来的国际性和论题框架的"地图"。

2014年，《跨文化对话》发表了来自中国、罗马、埃及、巴西、古巴的五个跨文化宣言，代表该杂志的国际视野和抱负：跨文化研究在乐黛云教授的倡议下，经过《跨文化对话》杂志16年的努力，终于作为新学科在中国创立。

我们力求突破主客观二元对立思维模式的影响，鼓励多元共生的思维方式，即复杂思维模式。《跨文化对话》2014年出过两期专号。在国际性思想资源上我们得到法国人类进步基金会长期的支持。

《跨文化对话》开辟了一个新平台，即与"北京论坛"合作。"北京论坛"每年都举办国际论坛，提出前沿问题，聚集一批世界顶尖学者发言。我们在《跨文化对话》上刊出他们的新思想、新主张。

中国学术界举旗跨文化新学科的条件已经成熟。执行主编钱林森教授强调跨文化所代表的“21世纪新精神、新启蒙在提示我们思考我们在当代的角色”。杂志执行副主编赵白生认为：“我们的杂志不是清一色的，我们既要有古典的厚度，也要有当下的敏锐性，研究新的思维模式。‘五四’之后一百年来我们的基本模式是中西模式，那么2019年我们拿什么新东西纪念百年‘五四’呢？我们提出后‘五四’模式，跳出中西两极模式，要放眼亚非拉，胸怀全世界。与欧洲对话很好，但非洲、拉丁美洲思维模式也要加入我们的讨论。现在中国到处在建世界城市，那么世界城市的软件和文化资源是什么？世界一盘棋怎么下？我们不能说有最终答案，但我们可以做系列尝试。我们要在文化上为决策者以及中国崛起做些事情，我们要讨论他人成功的经验与失败的教训。”

2005年初，北京大学的乐黛云教授与金丝燕教授主编，并在北京大学出版社跨文化对话平台“思想与方法新思想文库”出版的《编年史：中欧跨文化对话（1988—2003）——建设一个多样而协力的世界》，从历史与跨文化视野两个维度对《跨文化对话》杂志的使命与前景做出扎实的铺垫。此部编年史的编辑是跨文化对话研究在期待视野和文本阅读上的一次尝试，用史料开放式的阐述方法来书写历史，主要特色有四：

第一，有很好的资料完备性。历时17年（1990—2007）的两千多份各种文本（工作记录、工作跟进记录、项目规划、介绍、总结、调查研究报告、国际研讨会、专题文章、网络建设等）归结成七百多种文字记录而后进行摘录，再现中国合作网络与人类进步基金会长期合作的每一个进程。

第二，该编年史的语言方式是完全的原生态。所有文本摘录都保持当时的情形，展现参与者对“他者”的认知过程，为跨文化对话研究提供第一手资料。

第三，以历时性为主线，打开共时性的空间、汇集多层面视角。围绕同一事件，尽可能提供代表不同视角的文字记录、批评和思想。文本的互动性通过文本间、文本与读者、历史与当下、参与者的各种视角这四个层面展开。

第四，构建一个特殊的历史记录平台。这是一个对于读者和编者都比较特别的角度，阅读不再仅仅是接受行为了。让历史各个细节与读者对话，读者的阅读不是被动的、被灌输式的。我们不能把咀嚼过的历史吐出来给读者去消费，也不想把控式地叙述历史。读者是历史进程的参与者。

2018年，乐黛云、陈越光主编的《全球视野下的中国文化本位：〈跨文化对话〉第17辑至36辑精选I》和《全球治理、国家治理与社会治理：〈跨文化对话〉第17辑至36辑精选II》出版。其中第一册，包括三个专题：全球视野下的中国文化本位、跨文化研究方法论和文化比较：方法与阅读。第二册包括四个专题：对话：历史、社会、人生，科学与人文，信仰与文化，全球治理、国家治理与社会治理。所有专题都具有整体性视野、独立的观察角度和研究成果。它的宗旨是“由原来的比较研究向以中国文化为母体的多元文化研究全面推进，让这一吸收世界前沿学说并提倡平等对话的学科在中国本土扎根更牢，同时也让中国文化研究成果通过跨文化的桥梁与世界对话。”①

如此建设跨文化研究的编年学是必要的、长期的工作。由此，

① 乐黛云、陈越光主编：《全球视野下的中国文化本位：〈跨文化对话〉第17辑至36辑精选Ⅰ》，中国人民大学出版社2018年版，总序。

《跨文化对话》基于杂志、教学和研究三重平台，成为在中国创办的跨文化研究新学科的学术与教学支柱。

第二节　文化转场

文化转场研究是跨文化学的一个方法。其中汉译佛经所显现的早期中国对他者的期待以及由此推进中古汉语的形成是我们的研究重点。这里，我们借用传统的训诂方法，就佛经翻译中碰到的六个个案（灭、欲、增益、甘露、因缘、正法），从巴利文、古文言和中古初期汉语译词三层进入对勘，探究佛经汉译对中古文言发展的具体推进、为普通翻译学和文化转场研究提供新的研究领域。这是一块目前在世界范围内翻译学和跨文化学领域中尚未挖掘的土地。

一、中古汉语形成因素

《大正新修大藏经》收入的《阇尼沙经》汉译本为佛陀耶舍与竺佛念共同完成的。另一个汉译版本为《人仙经》，译者法贤（Dharmadeva，?—1001年）为北宋初期来华译经的印度僧人，因精通教义而被朝廷赐名“明教大师”。其译经时间要比佛陀耶舍和竺佛念的译本晚近六百年。六百年后的此经译本，与巴利文本原经内容不差，但简约了很多。可以视为简要本。在这里，它可以用作巴利文本、佛陀耶舍和竺佛念的汉译本《阇尼沙经》对勘研究的参照。

本章跨文化研究的第四个切入点，为413年以前的佛经汉译所形成的文化转场提供的一个研究案例。我们的方法是从文本分析入手，做部分关键词语的对勘。

（一）案例“灭”：胜？

汉译本第22节末的“四神足”，巴利文为“cattāro iddhipādā”，直译是“四－神－足”。此经的另一汉译本《人仙经》译成“四神足力”，加上“力”字，可能是该经译者用以解释“神足”的含义。“四神足”的定义，汉译本为：

> 22. 一者欲定灭行成就修习神足。二者精进定灭行成就修习神足。三者意定灭行成就修习神足。四者思惟定灭行成就修习神足，是为如来善能分别说四神足。①

巴利文的“四神足”定义如下：

> 应修习欲定胜行神通②
>
> chanda-samādhi-padhāna-saṃkhāra-samannāgataṃ iddhipādaṃ

① ［法］金丝燕、法宝：《佛经汉译之路：〈长阿含·阇尼沙经〉对勘研究——中古汉土的期待视野》，友丰书店2021版，第16页。

② 译文参见《汉译巴利三藏·经藏·长部》，段晴等译，泰国法胜大学协助证义，中西书局2012年版，第301页。

bhāveti ①

应修习精进定胜行神足

viriya-samādhi padhāna-saṃkhāra-samannāgataṃ iddhipādaṃ bhāveti ②

应修习心定胜行神通

citta-samādhi-padhāna-saṃkhāra-samannāgataṃ iddhipādaṃ bhāveti③

应修行思惟定胜行神通

vīmaṃsā-samādhi-padhāna-saṃkhāra-samannāgataṃ iddhipādaṃ bhāveti ④

我们看到，在汉译本“灭”的位置上巴利文本是“胜”字。巴利文“padhāṇa”一词意为“努力”，汉译为“胜”。我们看第四神足，巴利文为：

应修行思惟定胜行神通

vīmaṃsā-samādhi-padhāna-saṃkhāra-samannāgataṃ iddhipādaṃ bhāveti

该句字译如下：

---

① *Dīghanikāya*, edited by T. W. Rhys Davids and J. Estlin Carpenter, vol. II, London: Pali Text Society, 1982, pp. 212—213.

② Ibid.

③ Ibid.

④ Ibid.

vīmaṃsā 观 -samādhi 三摩地 -padhāna 努力 -saṃkhāra 行 -samannāgataṃ 成就 iddhipādaṃ 神足 bhāveti 增长

在巴利文本中是两个名词，首先是“samādhi”三摩地，或意译为“持”“定”，巴利文本的四定直接翻译为“意欲三摩地”“精进三摩地”“意三摩地”“思维三摩地”。“定”后是“padhāna”，意译为努力，不断努力去做。或“灭”或“胜”，两个文本如此不同，如何解释呢？

第一种可能，我们从“灭”字的原意入手。《说文解字》对“灭”的释义为“尽也，从火戌。火死于戌。阳气至戌而尽。”汉译本里的“灭”当取该字本意，“尽”行，而非它的延伸意“消除”。也就是说，413年前，此字的含义是“尽”，“尽”行，即修行，直到尽力，这就接近巴利文“胜”行或译为“努力”行之意。[①]而若按今天的字义理解，会将之理解成“定”而后“灭”，“消除”行。如果从延伸意去理解“意欲定而灭行”“精进定而灭行”“心定而灭行”“思惟定而灭行”，以为要消除。这是否会走偏？《人仙经》在此处是一句带过，没有字字译出：

四神足者。谓欲勤心慧。

---

① 中国文字学家王宁认为：“举《明儒学案》阳明之学的说法，达到无思无为的境界才是终极的格物，达到无善无恶的境界才是终极的至善。故以灭，为尽，为至。再以《文献通考》讲忏文为例。以无尽心为无尽施，才是灭行，以无所度而度，才是真度，终极之行即灭行。是否等于‘胜行’？超过一切即胜，意义应当相似。只就文献语义言之。”

第二种可能，巴利文的断“pahāṇa”和努力“padhāna”读音上相近，是摩揭陀语跟巴利文的变化因而转译时有错位？无从确定。但依巴利文本和汉译本的对勘，并参照相距六百年的《人仙经》所译出的部分看，译者忠实原经，精确度极高，因此错位应该被排除。

第三种可能，若一定要将“灭”释义为它的本意“消去”“断”，那么，413年之前此经本的转译者对此字的翻译加入了自己的理解，强化“止”行。“断灭”行，而非“尽力”修行，这抑或是修枯木禅的理论依据？若第三种可能成立，汉译此经巴利文的“padhāna”时加入了中国因素。这为中古时期汉语的期待视野和佛经汉语的形成提供了一个生动的文化转场案例。

（二）案例“欲”：心所层面的“chanda”抑或感觉层面的“kāma”？

汉译本第22节末的四神足是欲定、精进定、意定、思惟定。此经汉译的另一个文本《人仙经》分别译为“欲勤心慧”，以“欲”对应“欲”，以“勤”对应“精进”，以“心”对应“意”，以“慧”对应“思惟”，可以从中看到六百年间汉文译者对巴利文本的理解。

第一定中，巴利文的“chanda”，413年以前的译本是“欲”，11世纪的译本也是“欲”，字和含义都没有变。

第二定中，巴利文的“viriya”，413年以前的译本是“精进”，11世纪的译本是“勤”，字不同，含义不变。

第三定中，巴利文的“citta”（心，意），413年以前的译本是

“意”，11世纪的译本是“心”。

第四定中，巴利文的“vīmaṃsā”（思察，审察），413年以前的译本是“思惟”，11世纪的译本是“慧”。从“慧”来翻译巴利文的“vīmaṃsā”（思察，审察），字和含义都发生了变化。

这里我们要讨论的是四神足的第一定“欲定”中“欲”字的汉译内容。第一神足的巴利文释义如下：

> chanda 意欲 -samādhi 三摩地 -padhāna 努力 -saṃkhāra 行 -samannāgataṃ 成就 iddhipādaṃ 神足 bhāveti 增长

该字为形声字，在《说文解字》的释义是：“欲，贪欲也。从欠，谷声。”金文为“”，声旁“”加形旁“”。含义比较广。巴利文四神足中第一足的“欲定”，原文为“chanda-samādhi”，“chanda”是“意愿”之意，不带褒贬。汉译本用“欲”的本意翻译“欲定”，准确。心所层面之欲即意愿。

具“五欲”自然者之“欲”是“kāma”，与第一神足中“欲定”中的“欲”即“chanda”不是同一个字。

同一个汉字，翻译两个不同的巴利文词，在心所层面即第一神足时的“chanda”，和在感觉层面的“kāma”。

汉译本第22节的“三径”之初径的翻译“kāmehi”证明这一区别：

> 或有众生亲近贪欲，习不善行。

巴利文为：

Idha bho ekacco saṃsaṭṭho viharati kāmehi saṃsaṭṭho akusalehi dhammehi

逐字翻译为：

Idha此处bho尊者、朋友ekacco某个saṃsaṭṭho结合的viharati居住、生活、游走kāmehi欲望saṃsaṭṭho结合的akusalehi不善的dhammehi法

表达感觉上的快感时用“欲”加上“贪”字翻译。这里，“贪欲”的巴利文是“kāmehi”，“欲”的巴利文原形为“kāma”，情之欲，意思是“活在与情之欲的结合中”。汉译本在此处的翻译“贪欲”应该是《说文解字》给予的定义，在感性的愿望层面。

从本经413年译本的三个例子中，我们看到，汉译本在翻译巴利文本的“chanda”（意欲）和“kāmehi”（感性之欲）时采用的方法是前者用“意”（《阇尼沙经》）或单用“欲”（《人仙经》），后者“kāmehi ”用“贪欲”来处理。这样既对巴利文的两个词作出区分，又比较接近《说文解字》的定义。因此，413年前的“欲”无论是心性上的还是感性上的，尚未带有后世附加的“性欲”之“欲”。此经中，汉译本以“贪欲”翻译巴利文的“kāma”。

我们再从另一版本《人仙经》中关于“三径”之初径的翻译看：

有三种法。如来悉知。何名三种。所谓有人。先作身不善业。意不善行。后因亲近善友。听闻妙法。系念思惟。断身不善。造身善业。断意不善。行意善行。是人乐中生乐。

悦意中复生悦意。①

此处的“身”与413年译本中的“贪欲”对应。“欲”的含义与身体之感接近。因此，直到11世纪，“恩爱”和“欲”是巴利文“kāma”的翻译，含义较广，指感性层面的联系，不特含两性之“欲”。如果将巴利文“kāma”的汉译“贪欲”或“恩爱”直接单一地理解为两性之“情”，或延伸为两性之“情欲”，或为不妥，至少在413年前不带两性含义，与“情欲”无关。何时开始，“恩爱”含两性情感，是否与传奇小说的语言有关，需要专家的研究。

（三）案例“增益”：增满？圆满？

此经汉译本三处用“增益”。汉译本第11节：

> 11. 我等不自忆，过去所更事；
> 　　今遭遇世尊，寿命得增益。

汉译本第12节出现两次：

> 12. 复有余诸大神天，皆先于佛所，净修梵行，于此命终，生忉利天，增益诸天，受天五福：

---

① 参见《大正新修大藏经》，T01n0009《佛说人仙经》（一卷），［宋］法贤译，大藏出版株式会社1988年版。

一者天寿，二者天色，三者天名称，四者天乐，五者天威德。时，诸忉利天皆踊跃欢喜言：“增益诸天众，减损阿须伦众。”

汉译本的“增益诸天众，减损阿须伦众”，巴利文本第12节原文为：

Dibbā vata bho kāyā paripūrenti, hāyanti asurakāyā

逐字翻译为：

Dibbā神的vata事实上bho尊者kāyā众身paripūrenti增长，满hāyanti使减损asurakāyā阿修罗众身

译成汉语为：

众天神增长，阿修罗减少。

413年的汉译本，用“增益”来翻译巴利文的“paripūrenti”，即“满”字。译者的用词是否与当时的巴利文本相应，须从“增益”二字的字源着手。

“增”大篆为“”字，《说文解字》释义为“益，加添。”如《诗经·小雅·天保》：“如山如阜，如冈如陵，如川之方至，以莫不增。”

“益”甲骨文为“”字，《说文解字》释义为“饶，水溢。”延伸意为好处，如《尚书·大禹谟》的“满招损，谦受益”。在这里，此

字的本意与巴利文的“paripūrenti”相应。

“增益”一词，应该在佛经汉译以前就成立，含增满之意，如《史记·礼书》的“叔孙通颇有所增益减损，大抵皆袭秦故”。因此413年的汉译本，用“增益”来翻译巴利文的“paripūrenti”是准确的。“增满”，两个字在果上递进，延伸意为“圆满”，今世此词作如是翻译，已经加入现代意义的诠释了。①从佛教教义看，延伸的逻辑是合理的。

汉译本第12节的另一处：

> 12. 复有余诸大神天，皆先于佛所，净修梵行，于此命终，生忉利天，增益诸天，受天五福：

“增益诸天”，巴利文本是“比其他天神更增长神采和荣耀”，原文是：

> Ye te bhante devā Bhagavati brahmacariyaṃ caritvā adhunuppannā Tāvatiṃsakāyaṃ te aññe deve atirocanti vaṇṇena c'eva yasasā ca.

逐字翻译成汉语是：

> Ye 他们 te 你 bhante 尊者 devā 天神们 Bhagavati 在世尊处 brahmacariyaṃ 梵行 caritvā 已行 adhunuppannā 现在已生

① 《汉译巴利三藏·经藏·长部》，段晴等译，泰国法胜大学协助证义，第298页。

Tāvatiṃsakāyaṃ 忉利天身 te 你 aññe 其他的 deve 天神们 atirocanti 更鲜亮 vaṇṇena 以美色 c'eva 及 yasasā 名闻 ca 及

汉译本第12节此处的“增益诸天”，增益二字应是“paripūrenti”增长的含义，与其他两处的翻译相同。汉译本第11节的偈诵可以支持这一判断：

11. 我等不自忆，过去所更事；
今遭遇世尊，寿命得增益。

这里“增益”应该是“增长”之意，“寿命”增长圆满。

此外，巴利文本的“比其他天神更增长神采和荣耀”，汉译本简化为“增益”二字，抑或是要带出巴利文经本未言及的五福？

（四）案例“甘露”：amatassa“甘露”：“不死”与 nibbāna“涅槃”？

与此章研究的其他案例不同，这里讨论的“甘露”一词，在《阇尼沙经》413年的汉译本中没有出现。但巴利文本中有“amata”，该经11世纪的汉译本《人仙经》将之译为“甘露”。

《阇尼沙经》413年的汉译本中“甘露”空位，而与该经同期、同为两位译者所完成的《大本经》汉文本中则出现“甘露”一词。因此，此词的译名应该在5世纪已经定位。作为文化转场框架下佛经汉语形成的一个例证，在研究413年《阇尼沙经》汉译本的此书中，讨论该汉译本未出现的词语，同时与此经另一汉译本和巴利文本对勘，可以探究此词的本意和延伸意。

"甘露"一词出现于老子的《道德经》：

天地相合，以降甘露，民莫之令而自均。

此词的本意，在非佛典中，一直沿用，如明代李时珍的《本草纲目·水一》：

甘露，美露也。神灵之精，仁瑞之泽，其凝如脂，其甘如饴。

巴利文中的"amata"是印度神话里天神喝的仙药，饮后不死。

我们以413年完成的《阇尼沙经》为第一步对勘框架。我们注意到一个细节，"不死之门"一段在《阇尼沙经》巴利文本中出现两次：

27. 朋友啊，正是依正语而说："世尊实时即地之现证，来者可观，智者理会，走向完善。"有正智慧者，有正解脱，尊敬的朋友们，此法以正语说即为"不死之门已经开启"。

段晴译本为：

27. "世尊所善说法，是现证、无时、来则可见、引人入胜、智者各自当知，开启甘露之门。"那么他为说正语而说的，正是此言。世尊所善说法，是现证、无时、来则可见、引人入胜、智者各自当了知，开启甘露之门。①

巴利文本第27节原文为：

Svākkhāto Bhagavatā dhammo sandiṭṭhiko akāliko ehipassiko opanayiko paccattaṃ veditabbo viññūhī ti apārūtā amatassa dvārāti. Idam eva taṃ sammāvadamāno vadeyya.

Svākkhāto hi bho Bhagavatā dhammo sandiṭṭhiko akāliko ehipassiko opanayiko paccattaṃ veditabbo viññūhi apārūtā amatassa dvārāti.

其中前两句逐字翻译成汉语如下：

Svākkhāto妙说的Bhagavatā被世尊dhammo法sandiṭṭhiko可见的akāliko超越时空的ehipassiko向众人开放的opanayiko指导性的paccattaṃ各自的veditabbo感受的viññūhī ti知道apārutā敞开的amatassa不死的dvārāti门. Idam eva即taṃ彼sammā正确的vadamāno告诉vadeyya说的

但是，该部佛经在413年的汉译本中无此段。而北宋1001年以前的法贤译本《人仙经》中有一句，与巴利文本相应：

① 译文参见《汉译巴利三藏·经藏·长部》，段晴等译，泰国法胜大学协助证义，第303页。

得如实旨。宣说正语。开甘露门。

鉴于这种情况，我们扩大研究视野，将《大本经》和《典尊经》并《阇尼沙经》三经汉巴对勘。选取《大本经》，原因有二：首先它是《长阿含》第一部，同一组译者；其次，在相同译者佛陀耶舍与竺佛念的汉译本《大本经》中"甘露"一词出现两次，与巴利文《大本经》相应。在定位"甘露"入佛经汉译的时间上可为佐证。

《大本经》将巴利文本原经偈诵中的"amatassa"译成"甘露"，在第92节两度出现：

> 92. 今当开演甘露法门，是法深妙，难可解知，今为信受乐听者说，不为触扰无益者说。尔时，梵王知佛受请，欢喜踊跃，绕佛三匝，头面礼足，忽然不现。其去未久，是时如来静默自思：我今先当为谁说法？即自念言：当入盘头城内，先为王子提舍、大臣子骞茶开甘露法门。于是，世尊如力士屈伸臂顷，于道树忽然不现，至盘头城盘头王鹿野苑中，敷座而坐。

与此段相对应的巴利文《大本经》第3.7节一首偈诵有如下两句：

> 3.7 不死之门向他们敞开，
> 向所有能聆听者；

巴利文如下：

3.7 Apārutā tesaṃ amatassa dvārā

Ye sotavanto pamuñcantu saddhaṃ

逐字翻译如下：

3.7 Apārutā 敞开的 tesaṃ 他们的 amatassa 不死 dvārā 门

Ye 他们 sotavanto 有耳的 pamuñcantu 解脱 saddhaṃ 有信仰的

这里，巴利文的"amata"，汉译为"甘露"。[①]"amatassa"是巴利文"amata"的属格（或与格）第三人称单数，"amata"的梵文是"amṛta"。字义有二：一是印度神话中的仙药，神饮后不死；二是"不死"之意。

巴利文的这一偈诵在佛陀耶舍与竺佛念的《大本经》译本中第92节散文叙述开首以引言形式出现：

92. ……今当开演甘露法门，是法深妙，难可解知，今为信受乐听者说，不为触扰无益者说。

在同一节，佛陀决定入盘头城内为大弟子讲法：

92. ……先为王子提舍、大臣子骞荼开甘露法门。

① 《佛教混合梵文辞典》（*Buddhist Hybrid Sanskrit Dictionary*）中也是amata；富兰克林·埃杰顿（Franklin Edgerton）只注明是形容词，为不死之意。

巴利文《大本经》第3.8节是：

3.8 Yannūnāhaṃ Khaṇḍassa ca rāja-puttassa, Tissassa ca purohita-puttassa paṭhamaṃ dhammaṃ deseyyaṃ, te imaṃ dhammaṃ khippam eva ājānissantī'ti.

逐字翻译为：

3.8 Yan（他、她、它，宾格单数）nūn（的确）āhaṃ我Khaṇḍassa骞荼的ca及rājaputtassa王子的，Tissassa帝须的ca及purohita-puttassa辅相子的paṭhamaṃ第一的dhammaṃ法deseyyaṃ所说的，te他们imaṃ这个（阳、阴、中性，宾格单数）dhammaṃ法khippam快速地eva即，正是ājānissantī'ti他们将明白

根据巴利文汉译为：

3.8 我先为王子提舍、大臣骞荼说法，他们将很快明白此法。

翻译巴利文的"amata"为"不死"，它的含义在离开生死的另一个维度，而非通常以为的长生不死，还在人间万寿无疆。"amata"译为"不死"与"nirvāṇa"译为"涅槃"是同向的思路，后者原意指火的熄灭，延伸意也是离开轮回，趋向另一种生命维度。稍晚的

《大悲经·梵天品》(*Mahā-karunā-pundarīka*)[①]中有一段，两者的链接很清楚：

> 阿难！若复天人、阿修罗等，给侍供养声闻缘觉，若减一劫，若满一劫，若复给侍供养如来，于一念顷，其福多彼。汝已供养大神通佛，乃至般涅槃，当得大福广大功德，犹如甘露第一甘露，最后甘露，究竟涅槃。是故阿难，汝莫忧悲。

在佛经中该词用它的引申义“不死”，“不死”非身体上的，而是指不继续生死轮回。汉译本以“甘露”译之，将此词的汉语本意，即天降之“甘露”，一个单音词的文言双字伸延、抽象为通往了断生死轮回的法门，可以翻译成“永恒”，以避免该词被误解为“万寿无疆”的人间俗念。

《道德经》中所含的“甘露”词义，在《长阿含》佛经汉译中所带有的佛教含义开始分叉，即保持“天露”本意，又因翻译巴利文的“amatassa”而带有超越性。这是佛经汉译丰富古文言词汇语义的一个例子。此词汉语文言的本意“天露”及引申义“仙药”与巴利文佛经的“amata”两重含义相应，但在引申义上，这一旧有的文言古词因为佛经翻译而导入解脱生死轮回意义上的“不死”概念，从本体维度进入形而上维度。在该词的语义结构上，发生变化。文言的“甘露”中的“甘”是形容词，修饰“露”，是两个字。在翻译巴利文的“amata”一词时，“甘露”变为双音节的一个词。

① 天保九年(570)，北齐那连提耶舍(Narendrayaśas，约490—589)于邺都天平寺译出，今收于《大正新修大藏经》第12册，No. 0380，第945—973页。

由此，“甘露”一词进入佛经的时间可以确定。《长阿含》的汉译者，参与了“甘露”一词的佛经术语化过程，尽管在《阇尼沙经》的413年汉译本中此字缺席。至晚到413年，“甘露”一词作为双音节词语已经进入汉译佛经用词。

（五）案例“以少因缘”：“某事”（kenaci）？“尼陀那”（nidāna）？“因”（hetu）与“缘”（paṭicca）？

413年前完成的佛陀耶舍和竺佛念译本有“以少因缘”，此经另一汉译本，1001年以前完成的法贤译本的翻译为“由是”。巴利文本用的词语是什么？应该如何定义“因缘”的含义呢？它是否与佛理中的“因缘”含义和合？我们看汉译本《阇尼沙经》第10节：

> 10. ……一时，世尊在大林中一树下坐，我时乘天千辐宝车，以少因缘，欲诣毗楼勒天王，遥见世尊在一树下，颜貌端正，诸根寂定，譬如深渊澄静清明，见已念言，我今宁可往问世尊，摩竭国人有命终者，当生何所？

《人仙经》与之相应的段落如下：

> 世尊。我受持国天王命。往彼南方增长天王处。由是见知我佛世尊。在昆左迦精舍。独处堂中。观察摩伽陀国王。及诸优婆塞。从此处灭生于何处。以何行愿。得何果报。如

是等事。我佛欲说。

巴利文本原经对应汉译本第10节部分如下：

11. ... Idhāhaṃ bhante Vessavaṇena mahārājena pesito Virūḷhakassa mahārājassa santike kenacid eva karaṇīyena addasaṃ Bhagavantaṃ antarā magge Giñjakāvasathaṃ pavisitvā Māgadhake paricārake ārabbha aṭṭhikatvā manasikatvā sabba-cetaso samannāharitvā nisinnaṃ:①

逐字译成中文为：

11. ... Idhāhaṃ 此世我 bhante 尊者 Vessavaṇena mahārājena 多闻大王 pesito 派遣 Virūḷhakassa mahārājassa 增长大王 santike 附近、面前 kenacid 因某种事由 eva 那么 karaṇīyena 所作的 addasaṃ 看见的 Bhagavantaṃ 世尊 antarā magge 在中途 Giñjakāvasathaṃ 砖瓦讲堂 pavisitvā 进入后 Māgadhake 摩揭陀的 paricārake 服侍的 ārabbha 关于 aṭṭhikatvā 事由做后 manasikatvā 注意以后 sabba- cetaso 一切心 samannāharitvā 注意、思念后 nisinnaṃ 坐下：

此段巴利文译成汉语如下：

① *Dīghanikāya*, edited by T. W. Rhys Davids and J. Estlin Carpenter, vol. II, p. 207.

11. ……尊者，我受多闻天王所派，因某缘故，去增长天王天人处做事，在中途，看见世尊进入砖瓦讲堂，思考关于摩揭陀国人，专心致志，坐下，想：

巴利文此段中“kenaci”一词由kena和ci组成，kena是ka（什么、谁）的阳性、单数、工具格，ci是疑问词，某，无论（谁、什么）。这里的“kena”指事由，与佛理概念中的“因”（hetu）与“缘”（pratītya）不是一个概念。在汉译中，同样用“因缘”二字，但字义不同，在读经修行上，或再由汉译翻译成其他语言时都不应含糊。

“因缘”一词，在汉语里最初的意思是“机缘”（《史记》）。佛经传入汉土，带入两个新含义。一是指缘起（nidāna）。二是因和缘（梵文：pratītya，巴利文：paṭicca）的合称。

汉语“因缘”在佛经翻译中有三种含义。第一种含义是汉译本《阇尼沙经》第10节的“以少因缘”中的“因缘”，原文是“kenaci”，泛指某事。这里汉译取汉语“因缘”本意，即“机缘”“缘由”的含义。既不是“尼陀那”（nidāna），亦非因和缘的合称。

第二种含义是“尼陀那”。梵文“nidāna”，指“原因”“起因”和“机会”，汉译将之意译为“缘起”，很准确。如十二缘起支（巴利文：paṭicca-samuppāda-aṅga①）。而列入《大品》第十五的《长部·大缘经》与列入《大藏经》第十三的《长阿含·大缘方便经》两部汉译经本中的“因缘指的是因和缘和合而形成的互为关联”，即梵文的“nidāna”，汉文的“相关的联系”，在这个意义上汉译为“缘起”或“因缘”。

---

① 逐字翻译成汉语为：paṭicca缘-samuppāda起-aṅga支（部分）。

汉译佛经中碰到的第三种情况，是佛经中的因和缘的和合，译成汉语“因缘”，在这一层意义上，汉语的“因缘”是因和缘，含两层意义，一是“因”，二是“缘”。后者是前者的显现、爆发。梵文的“缘”在佛经里，指的是互为关联的因素所形成的“一定条件下的共集发生”。

汉语的“因缘”，经过佛经翻译，从本意发展出其他两种含义，是文化转场研究中，佛经汉译丰富中古汉语的例证。

汉语的“少”，有“稍微”的含义。因此，可以翻译成“因某个缘故”，即《人仙经》所译的“由是”，用今天的语言翻译即“因故”。但不指明缘故，泛泛而言。413年以前和1001年以前两个译本中却都有翻译，可见汉译遣词的精微，更能想见在当时，虽有七百年时间跨度，此词在汉译者那里仍具有分量，不容忽视。在今天的语境里，此词似乎变得不那么重要。对“因缘”一词的剖析，提醒我们在阅读佛经时，对当时的词义的理解要有语言上的警觉。

紧接第11节，“以少因缘”在汉译本《阇尼沙经》第12节第二次出现：

> 12. 又复一时，忉利诸天以少因缘，集在一处。时，四天王各当位坐。

巴利文本对应汉译本第12节部分如下：

> 12. 世尊，在过去雨季安居时，于几天前的十五日白天布萨，在十五日月圆整夜，忉利天诸神集会于善法讲堂，尊敬的诸天众全部落座，四大天王亦于四方各自就座。

我们看巴利文原经此段的对应：

12. Purimāni bhante divasāni purimatarāni tadahu posathe paṇṇarase vassūpanāyikāya puṇṇāya puṇṇamāya rattiyā kevalakappā ca devā Tāvatiṃsā Sudhammāyaṃ sabhāyaṃ sannisinnā honti sannipatitā, mahatī ca dibbā parisā samantato nisinnā honti, cattāro ca mahārājā catuddisā nisinnā honti.①

此节逐字翻译如下：

12. Purimāni 前的 bhante 尊者 divasāni 白天 purimatarāni 前几天 tadahu posathe 于彼日布萨（诵戒）paṇṇarase 十五 vassūpanāyikāya 雨季安居 puṇṇāya puṇṇamāya rattiyā 在十五月圆之夜 kevalakappā 独一的、所有的、时间 ca 及 devā Tāvatiṃsā 忉利天神们 Sudhammāyaṃ sabhāyaṃ 在善法讲堂 sannisinnā 共住 honti 系动词 sannipatitā 集合，mahatī 尊敬的 ca 及 dibbā parisā 天众 samantato 一切 nisinnā 就坐 honti 系动词，cattāro 四 ca 及 mahārājā 大王 catuddisā 四方 nisinnā 就坐 honti 系动词

此经 11 世纪的汉译本《人仙经》中相应的一段如下：

世尊。一时我闻。父毗沙门天告于众言。汝等圣者当一

① *Dīghanikāya*, edited by T. W. Rhys Davids and J. Estlin Carpenter, vol. II, p. 207.

心听。我于往昔在三十三天。说法胜会。诸天皆集。及护世天。亦在彼会。各处本方。

从叙述的层面看，佛陀耶舍和竺佛念译本直接叙述三十三天听闻，叙述有断层。法贤译本则指出是阇尼沙听其父毗沙门天对众天的叙述。叙述角度是连贯的。

而在巴利文本第12节，阇尼沙直入三十三天听闻的故事，不作交代，是从其父那里听来的故事，因为前面第11节已经阐明：

11. ……不久前，我在多闻天王前，在其众天会上，我得知、亲闻听到多闻天说这些值得尊敬的人们死后各自有的去处、未来世。

从叙述层次的对勘看，巴利文本的第11节是第12节阇尼沙转述多闻天天王叙述的铺垫。这一铺垫，在佛陀耶舍和竺佛念的译本中简略为“以少因缘”，即“因故”。

因此，此经413年以前的汉译本两度出现“以少因缘”，第一次是对巴利文本此词的精微翻译，第二次是对阇尼沙过渡到巴利文本多闻天王两层叙述的简略。

另一个细节在叙述时间上，两部汉译本，均用“一时”，未明确时间：“雨季安居满月天”。两部汉译本比较泛指。

对巴利文和汉译本在这一细节上的差异，尚未有合理的解释。是当时的巴利文经本没有这一细节，还是当时的译者决断简化这一细节？从“以少因缘”的精微翻译看，第一种可能性比较大，当时传入汉土的经本，无论是413年以前的还是1001年以前的，似乎都没有“雨季安居满月天”。这就意味着巴利文原经经典在落成文字或转译成其他古文字时也会有变化。另一种可能，当时的汉译者对印度极为重视的雨季、安居和满月三个因素不敏感，以“一时”带过。

（六）案例“正法”：“正”：“伟大”（uḷāra）？“纯正”？

汉译本在第22节叙述三径路后进入叙述层次的回顾，作为结束：

> 23.时，梵童子于忉利天上说此正法，毗沙门天王复为眷属说此正法，阇尼沙神复于佛前说是正法，世尊复为阿难说此正法，阿难复为比丘、比丘尼、优婆塞、优婆夷说是正法。

巴利文本与汉译本此段相应的第29节两段如下：

> 29.梵童子对忉利天神说此，毗沙门天王当面听梵童子所说，为眷属说此，阇尼沙夜叉又从毗沙门天当面听说，说给世尊听。
>
> 世尊从阇尼沙夜叉当面听说，又告具寿阿难。阿难从世尊处得知，又为比丘、比丘尼、优婆塞、优婆夷说此。只要此梵行被众神与众人善加宣讲，它仍然是伟大的，丰富的，在众人中传播，它将被闻知，被建树。

巴利原文如下：

29. Idam atthaṃ, bhante, Brahmā Sanaṃkumāro devānaṃ Tāvatiṃsānaṃ abhāsi. Idam atthaṃ Vessavano Mahārājā Brahmuno Sanaṃkumārassa devānaṃ Tāvatiṃsānaṃ bhāsato sammukhā sutvā sammukhā paṭiggahetvā saparisāyaṃ ārocesi.

Idam atthaṃ Janavasabho yakkho Vessavanassa Mahārājassa parisāyaṃ bhāsato sammukhā sutvā sammukhā paṭiggahetvā Bhagavato ārocesi. Idam atthaṃ Bhagavā Janavasabhassa yakkhassa sammukhā sutvā sammukhā paṭiggahetvā sāmañ ca abhiññāya āyasmato Ānandassa ārocesi. Idam attham āyasmā Ānando Bhagavato sammukhā sutvā sammukhā paṭiggahetvā ārocesi bhikkhūnaṃ bhikkhunīnaṃ upāsakānaṃ upāsikanaṃ. Tayidaṃ brahmacariyaṃ iddhañ c'eva phītañ ca vitthāritaṃ bāhujaññaṃ puthubhūtaṃ yāvadeva manussehi suppakāsitan ti. ①

巴利文逐字翻译如下：

Idam atthaṃ 此事 bhante 尊者 Brahmā Sanaṃkumāro 梵童子 devānaṃ Tāvatiṃsānaṃ 忉利天神 abhāsi 不说 Idam atthaṃ 此事 Vessavano Mahārājā 多闻大王 Brahmuno Sanaṃkumārassa 梵童子的 devānaṃ Tāvatiṃsānaṃ 忉利天神 bhāsato 说 sammukhā 面

① *Dīghanikāya*, edited by T. W. Rhys Davids and J. Estlin Carpenter, vol. II, pp. 218—219.

前 sutvā 听闻 sammukhā 面前 paṭiggahetvā 接受 saparisāyaṃ 众人 ārocesi 你说（过去时）

Idam atthaṃ 此事 Janavasabho 人仙 yakkho 夜叉 Vessavanassa Mahārājassa 多闻大王的 parisāyaṃ 众人 bhāsato 说 sammukhā sutvā 面前听闻 sammukhā paṭiggahetvā 面前接受 Bhagavato 世尊 ārocesi 说 Idam atthaṃ 此事 Bhagavā 世尊 Janavasabhassa yakkhassa 人仙夜叉的 sammukhā sutvā 面前听后 sammukhā paṭiggahetvā 面前接受后 sāmañ 自己 ca abhiññāya 神通 āyasmato 长老 Ānandassa 阿难 ārocesi 说 Idam attham āyasmā Ānando 此事长老阿难 Bhagavato sammukhā sutvā 世尊面前听到 sammukhā paṭiggahetvā 面前接受 ārocesi 说 bhikkhūnaṃ bhikkhunīnaṃ 比丘、比丘尼 upāsakānaṃ upāsikanaṃ 优婆塞、优婆夷 Tayidaṃ brahmacariyaṃ 梵行 iddhañ c'eva 获取成功的 phītañ ca 富裕的 vitthāritaṃ 广大的 bāhujaññaṃ 多众人的 puthubhūtaṃ 能变大的 yāvadeva 直到 manussehi 直到天与人 suppakāsitan 妙说 ti

汉译本的"正法"，巴利文本用代词"此事"（Idam atthaṃ），所替代的内容是什么呢？要理解汉译本"正法"当初所译的含义，须回看巴利文本第28节，也就是汉译本或缺的那一段：

28. 尊者，此乃梵童子所说实义。尊者，毗沙门王听梵童子如此说实义后，心想："奇妙啊！令人惊讶！有如此伟大的导师！有如此伟大的教义！有如此伟大的胜证！"

梵童子知道毗沙门王所思，对他说："毗沙门王您如何想？过去世有如此伟大之师，如此伟大之教义，如此伟大的胜证。未来也会有如此伟大之师，如此伟大之教义，如此伟大的胜证。”

巴利文原文第28节：

28. Atha bhante Brahmā Sanaṃkumāro Vessavanassa Mahārājassa cetasā ceto-parivitakkam aññāya Vessavanaṃ Mahārājaṃ etad avoca: “Taṃ kiṃ maññati bhavaṃ Vessavano mahārājā? Atītam pi addhānaṃ evarūpo uḷāro satthā ahosi, evarūpaṃ uḷāraṃ dhammakkhānaṃ, evarūpā uḷārā visesādhigamā paññāyiṃsu. Anāgatam pi addhānaṃ evarūpo uḷāro satthā bhavissati, evarūpaṃ uḷāraṃ dhammakkhānaṃ, evarūpā uḷārā visesādhigamā paññāyissantī ti.” ①

巴利文原文第28节逐字翻译如下：

28. Atha当时bhante尊者Brahmā Sanaṃkumāro梵童子Vessavanassa Mahārājassa多闻大王的cetasā从心里ceto-parivitakkam心所念aññāya思量Vessavanaṃ Mahārājaṃ etad avoca多闻大王如是说Taṃ kiṃ maññati他思考什么bhavaṃ Vessavano mahārājā尊者多闻大王Atītam pi addhānaṃ于过去世evarūpo uḷāro satthā如此伟大的导师ahosi说（第二人称单数）evarūpaṃ uḷāraṃ dhammakkhānaṃ如此伟大的法语evarūpā

① *Dīghanikāya*, edited by T. W. Rhys Davids and J. Estlin Carpenter, vol. II, p. 218.

uḷārā visesādhigamā 如此伟大的胜智（胜证）paññāyiṃsu（他们）已知 Anāgatam pi addhānaṃ 于未来世 evarūpo uḷāro satthā 如此伟大的导师 bhavissati 将成为 evarūpaṃ uḷāraṃ dhammakkhānaṃ 如此伟大的法语 evarūpā uḷārā visesādhigamā 如此伟大的胜智（胜证）paññāyissantīti（他们）将知

巴利文本中原句为：“有如此伟大之师，如此伟大之教义，如此伟大的胜证，如此威严的教义！有如此殊胜的示现！”

由此推断汉译本“正法”中的“正”字，与巴利文本相应的应该是“伟大的”（uḷāra）。

需要探究的是“正”与“uḷāra”含义是否相应。“正”由-口和-足构成，指直行，方向不偏。引申义为纯，不杂，合于法则和道理；征讨。

在同一部经的七定具中也有“正”字，如“正见”（sammādiṭṭhi）。同样一个“正”字，所对应的巴利文字可以是“uḷāra”（伟大），或“sammā”（纯正的）。可以看到，汉译以“正”翻译七定具中的“sammā”，用的是此字的“纯”“正确”之意。在翻译佛陀宣讲的教义“uḷāra”时，用“正”字，就是取其“纯”“正确”。因此，从“sammā”到“uḷāra”，汉译本的“正”没有译巴利文“伟大”的含义，而是将之向“正见”之“正”即“sammā”靠拢，含“善”意。这里折射出译者的接受视野，以道德意义上的纯正不邪为标准。面对这一标准，“伟大”一词就微弱了。“正”字的这一选择，正是译者儒家精神状态的生动显露。以“无量”解释“正法”中“正”的含义，勉强可行。如若借古意相通的“正”与“止”来解释“正法”一词，则不通。①

二、《古文言读本》的文化维度

以此部分纪念2021年10月17日凌晨心脏骤停的汉学家汪德迈。

2008年10月15日，法国阿尔多瓦大学博士生课程邀请汪德迈作讲座，题目是《基于占卜学和〈易经〉的中国文化与源于神学和〈圣经〉的西洋文化之比较》。他把自己的观点归纳为以下八点：

（1）作为科学原型的史前中国占卜技术所展开的思维并非宗教性的神学，而是准科学性的占卜学。

（2）中国文字的创造归于龟卜兆纹的外推法。

（3）文言文十分系统规范化（六书的系统文字代替自然产生之词，卜辞类似数学的方程式句构，代替自然语言句构），离自然语言相当远，体现了另一种高度的抽象性。

（4）西方文学起源于古典神话的口述（《伊利亚特》《奥德赛》）。中国文学起源于占卜史官用文言文记录原本与卜辞有关的各种资料。

（5）西方思维不受印欧语言的语义系统限制，因其为字母文字，可以任意创造所需的概念，但容易陷入空虚概念的语

① 参见〔日〕辛岛静志《佛典语言及传承》，裘云青，吴蔚琳译，中西书局2016年版，第89—91页。

言游戏。中国思维受文字系统（六书）限制，不创造文字以外的概念，不容易进行改革，但是有客观性的保证。

（6）中国传统科学（尤其医学）的特性乃相关性系统思维，西方传统科学（尤其物理学）的特性乃因果关系性系统思维。

（7）中国是礼制传统，西方乃权理传统。

（8）西方思想在启蒙运动中形成现代性，而中国的现代性起源于与外来文明的冲突。

汪德迈先生第一次提出他的八点思想总结。我们在注释里放入他的法文原文。①

① Séminaire doctoral de Léon Vandermeersch, 15 octobre 2008, Université d'Artois, Titre général: "La culture chinoise d'origine manticologique, comparée à la culture occidentale d'origine théologique".

1. Dans la préhistoire chinoise a été pratiquée une divination très perfectionnée, proto-scientifique, qui a conduit au développement d'une pensée non pas théologique, mais "manticologique".

2. Les caractères chinois ont été inventés par extrapolation de la figure des craquelures divinatoires de la scapulomancie à la figuration de concepts de toutes sortes.

3. La langue graphique chinoise (wenyanwen) se distingue de la langue parlée naturelle, par sévère formalisation, surtout au plan lexicale (restructuration sémantique par fabrication rationalisée des graphies suivant les principes des liushu) mais aussi au plan syntaxique (construction des énoncés sur le modèle des formules oraculaires).

4. Alors que les littératures occidentales ont pour origine les récits oraux des grands mythes fondateurs (*Iliade* et *Odyssée*), la littérature chinoise a pour origine les enregistrements par les spécialistes de la divination (shi =devins-scribes) de documents divers relatifs à ce sur quoi avaient été opérées des divinations.

5. La pensée occidentale n'éprouve aucune contrainte de la part du système sémantique sur lequel s'appuient des langues indo-européennes, car （转下页）

13年后，2021年7月9日汪德迈在北京师范大学跨文化研究院国际课程班远程网络课程中用中文讲课，题目是《中国文学与文字的非凡性》。金丝燕做笔录如下：

> 中国文言直接表意不表音。中国文字的这个特点，使我能对语言史的研究有特殊的角度。文言不仅是书面字，也是语言，另外一种语言，影响思辨，深深地。没有文字的文化不能进步。依靠思想的文字可以进步。占卜师研究文字与其他的不同，书面文字不仅仅是符号，也是概念性的字。创造汉字者，研究如何表示概念，方法是六书。创造代表概念的字。表意文字影响思想。
>
> 西方的文字，不过是讲究的口语。书面语也发展思想。只是不同的影响，也表示概念，依靠口语。西方的科学家用另一种六书。特别的办法，是用古代的口语，古希腊口语用在了科学上，创造新字。表音文字影响思想。

（接上页）l'écriture en est alphabétisée; aussi et crée-t-elle librement les concepts dont elle a besoin, ce qui l'expose au risque d'une pensée vide purement verbale; la pensée chinoise s'appuie sur un système des graphies (liushu) dont elle subit une forte contrainte, qui l'empêche de créer des concepts différenciés de ceux que signifient directement les graphies; ce qui gêne l'innovation, mais garantit l'enracinement objectif.

6. La pensée scientifique chinoise (dont le parangon est la médecine) a pour catégorie principale la corrélativité; la pensée scientifique occidentale (qui a pour parangon la physique) a pour catégorie principale la causalité.

7. Ritualisme chinois et juridisme occidental.

8. La pensée occidentale a généré elle-même sa modernité dans le mouvement des Lumières / La pensée chinoise a été forcée à la modernité par le choc que lui a fait subir la civilisation occidentale qui lui était étrangère.

如果用文言，其字的创造是特别的。写法和笔划有关系。汉文规律化，用毛笔写，秦汉开始的。毛笔，之后用来画画。美术性来自书法，与文学关系密切。中国文学里有画。诗文是画。

西方，画家与文学家分开，没有中国这样的关系。西方重模仿自然来写文学。亚里士多德提出模仿。中国呢，是与自然融合。在古代中国文学史里，诗经的国风的风，是引起人感觉的自然的真实的风，而这引起诗情。西方文学重视戏曲和小说。人物很重要，逐渐成为小说的人物。西方模仿自然，进而模仿人物。19世纪末，中国受影响。

汉文是中国的特点。中国文学比其他文学有更丰富的材料。中国文学最重要的特点是对句。西方的对句是非语意的而是文法的。语言的功能有两种：交流和思辨，两者不能混淆。而语言学家们不注意这一点。我研究中国文化，注意到这一点，两者是分开的。中国语言是思辨的，白话还是保留这本来的功能。我主张“汉文”，不主张用“汉语”。文言仍然保留思辨的功能。文言不是交流的语言，应该保护文言的文化，依靠汉文，20世纪取消中国文字，好在这个运动没有成功。我从外国来看，特别影响我的研究的是汉文而不是汉语。

汪德迈在这次讲课中提出三点：第一，中国文字是举世无双的非自然语言，语音与语意分开，自然语言所特有的语音和语意双重组合在汉字不存在了。中国文字是科学的创造，重如何将概念体现在字上，不是口语交流的笔录。自然语言是讲究的口语符号化的记录。第二，中国语言是思辨的，白话还是保留这本来的功能。西方亚里士多德模仿说走向戏曲和小说。中国是与自然融合走向诗。日本小说纯粹欧化而得到欧洲承认。在中国19世纪有过这样的努力，但不及日本，中国也不需要纯粹西化，也不可能西化，有着那么悠久、丰富、独特的历史，今天的中国人可以建桥，在中国和他者之间。第三，汪德迈提出要称“汉文”，不主张称“汉语”。

这两次时隔13年的讲座，汪德迈从跨文化研究的角度，提出了中国文字与中国思想的特殊性。

首先是中国表意文字节序的理性化。现存的两类语言：第一种，通过完全自发形成的自然语言；第二种，通过深思熟虑而形成的文言。后者将文字理性化，如中国占卜所做的那样，而非承继自然语言的纯粹而简单节序，仅仅用文字手段做笔录，如那些发明纯作口语记录的文字（甚至表意字）的人那样。因此，汪德迈提出，自然语言和非自然语言是完全不同的两码事。在后一种情况里，拼音文字是表意文的必然导向。在中文里，注重字汇构建系统化的文字演变，其导向则是逐渐推进表意文字节序的理性化。汉字的起源是文字理性化的过程，即通过简约到形声字造字唯一模式在整个表意语言的成熟期间，如许慎《说文解字》所录入的那种表意语言达到的字汇状态，结构理性化用力甚大。自始至终朝一个方向发展：通过简约到形声字造字的唯一模式，去统一字汇生成的不同方式。

汪德迈问：“这一系统化是否就像那些坚守普世理论的人所以为的那样，会走从表意文字演化到表音文字的路子呢？”他的回答是否定的。他认为把中国表意文字的形声机制诠释为具有向表音文字发展的意义，就把中国文字的特性与自然语言的特性完全弄拧了。使用形声，完全不是表意文字转向拼音文字的开始，相反，它反映了通过转化会意创字的困难，是让表意文字得以继续的一个上策。会意字代表中国字自动生成的第一层，甲骨文里自动生成字为数最多，为所造字的32%，而形声字为27%，随着字汇的增多，用会意创字变得不容易了。在许慎的《说文解字》中它占不到13%，而81%的字为形声字，在20世纪中华人民共和国简化字之前的中文里占不到5%。①

作为甲骨文专家的汪德迈从中国文字的占卜起源出发，独一无二地提出：

> 中国文言从各个方面完全理性化、标准化，不仅不再因书写与阅读的便利而向拼音文字让步，而且印证了一种深入事物之宇宙意义的占卜力量，通过所用的所有词语与形声的结合，为思想提供了阅读世界万物含义的出色解码。由形声字模式下所有字汇的规范化而创造的这一解码，它的形成，得力于同一部首所构成的所有字形与相互构建的同音字之声旁在语义上的交会。②

正是基于这样的思考，汪德迈和金丝燕用了11年的时间，编著完成了《古文言读本》上下两册。③编辑体例以经史子集为轴，要体现的是中国文字的文化维度：语言的起源与思想的特质。它是由来自两个文化背景而又互通对方文化的双语作者一起编著而成，是跨文化研究的实践。

---

① 〔法〕汪德迈：《中国思想的两种理性——占卜与表意》，〔法〕金丝燕译，第55页。

② 同上书，第55—56页。

③ 〔法〕汪德迈、金丝燕编：《古文言读本》，友丰书店2021年版。

图5 《古文言读本》封面

图6 《古文言读本》封底

《古文言读本》共22课，字汇表中共有424个字，其中象形字有74个，占比17.45%；指事字有11个，占比2.6%；会意字有183个，占比43.16%；形声字有153个，占比36.08%；假借字有3个，占比0.71%；没有转注字。[①]详见下表：

表3 《古文言读本》字汇表六书统计[②]

六书类别	汉字数量	百分比
象形字 Pictogramme	74	17.45%
指事字 Déïctogramme	11	2.6%

① 刘曼统计。
② 同上。

续表

六书类别	汉字数量	百分比
会意字 Syllogigramme	183	43.16%
形声字 Morphophonogramme	153	36.08%
假借字 Emprunt	3	0.71%

我们就此与当代汉语教材即白乐桑编著的《汉语语言文字启蒙》作对比。《汉语语言文字启蒙》共21课，每课出现11—27个字，共361个字，另有46个生字的扩展和补充，总计407个字。作者制定出汉字门槛。①《汉语语言文字启蒙》400字表中，象形字有97个，占比24.25%；指事字有10个，占比2.5%；会意字有146个，占比36.5%；形声字有147个，占比36.75%；没有转注字和假借字。

两部教材的汉字六书比较统计表格②如下：

表4 《汉语语言文字启蒙》与《古文言读本》汉字六书统计对比表

六书类别	***Méthode d'initiation à la langue et à l'écriture chinoises*** 《汉语语言文字启蒙》	***Manuel de chinois classique*** 《古文言读本》
象形字 Pictogramme	24.25%	17.45%
指事字 Déïctogramme	2.5%	2.6%

① 刘曼统计。
② 同上。

续表

六书类别	***Méthode d'initiation à la langue et à l'écriture chinoises*** **《汉语语言文字启蒙》**	***Manuel de chinois classique*** **《古文言读本》**
会意字 Syllogigramme	36.5%	43.16%
形声字 Morphophonogramme	36.75%	36.08%
假借字 Emprunt	—	0.71%

两部教材选字的六书构成的比较比例图①如下：

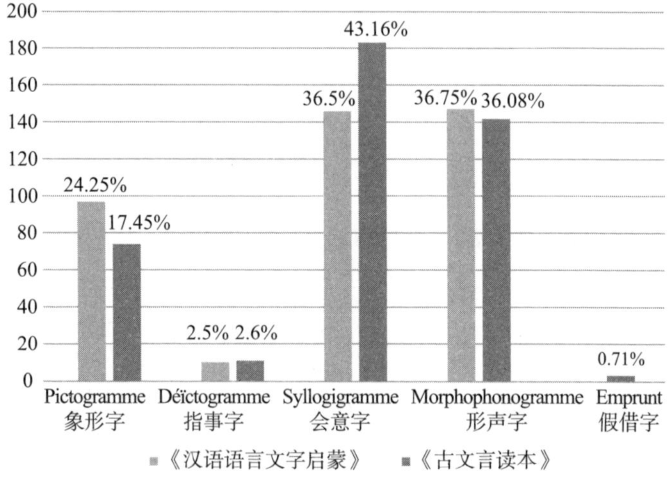

图7 《汉语语言文字启蒙》和《古文言读本》中汉字六书比例统计图

① 刘曼统计。

这两本书中形声字所占比例与甲骨文中形声字所占比例27.24%相近。李孝定分三个阶段进行统计，对汉字的理性化构造进展作出概述：第一阶段也就是第一组资料是1226个甲骨文字，第二组资料是许慎字典所收入的9475个字，第三组资料包括宋代郑樵《六书略》所编入的24,235个字。[①]形声字在甲骨文里约占27%，在许慎的字典里约占81%，在郑樵的统计里约占90%。此外，1716年官方出版的《康熙字典》里，在47,021个表意字中，有超过42,000个形声字。根据郑德坤的观点，“如果把近两三个世纪的新词算上，汉字的字汇95%以上由形声字组成。”[②]但是，在以上古文言为主的《古文言读本》中，形声字占36.08%，而在以当代口语为主的《汉语语言文字启蒙》中，形声字占36.75%。从形声字的占比来看，古文言教材的形声字比重略低于当代汉语教材的形声字比重。这一特点，需要我们在更多的中外当代汉语教材研究中得到证实。

两部教材中，会意字所占比例分别为36.5%和43.16%，与李孝定所统计的甲骨文六书会意字占比32.3%的情形相近。会意字的产生，能回应中国表意文字的本质问题。《古文言读本》的会意字数量略高于现代汉语口语为主的《汉语语言文字启蒙》，生动体现了中国文字在文化转场的过程中，所具有的接受者的期待视野，同时证实了中国文字的六书特性在古代和今天基本上是一致的，不为现代和口语所抑制。

---

① 李孝定：《汉字史话》，联经出版事业公司1987年版，第41页。

② 郑德坤：《中华民族文化史论》，天地图书有限公司1978年版，第85页。今天，根据2001年9月26日《北京晚报》刊登的一项统计，历代以来出现的字约八万多，其中90%今不用。

第三节　汪德迈中国学研究

汪德迈亚洲“新汉文化圈”思想的形成要放到日本、中国香港、古代中国三个支点来看。他的中国学思想经过三个阶段，以“汉文化圈”“新汉文化圈”与“新汉字文化圈”三个术语的变化为代表。

汪德迈的研究着力于甲骨文、儒法家思想、中国古代政治制度、中国思想史以及有中国文化影响的国家的文化史（朝鲜、日本、越南）七十余年，著有专著七部，发表论文一百多篇，围绕亚洲汉字文化圈专题长期进行研究，形成自身独特的思想。

他的核心是由甲骨文到文字的占卜性，由此到中国思想的相应性，再到中国社会的礼制而非西方的权理，由相应性到中国文学的非凡性，不模仿，而主张相融，最后再回到中国文字的启示性，而非交流性。这是一个主脉，也是冲击传统汉学的新视角。在这一脉络上加入案例研究，如中国文字的部首特质，为何不需要26个字母？汪德迈于20世纪80年代提出“新汉文化圈”的概念，21世纪进一步提出“新汉字文化圈”。它们的根基在哪里？中国文学的“文言性”与西方文学的“口语性”意味着什么？如何勾勒“汉字文化圈”这一概念的文化发展踪迹？在汉文化圈国家和西方建立相通的一座桥梁何以可能？为何仅仅研究思想史是不够的？汉文化圈是如何形成的？它有着怎样的特殊作用？汉文化圈的要素是什么？汉字何以对中国思想和文化有决定性的影响？2013年出版的论著《中国思想的两种理性——占卜与表意》代表汪德迈汉文化圈思想的进一步深入。该书在汪德迈汉学研究中的核心意义在哪里?

围绕汉字文化圈的研究,汪德迈始终是独自一人,但绝不孤单。跨文化视野给他提供的空间无边。他总觉得可能性无限,但生命太有限。"日本的越南学学者与汉学学者之间没有桥梁的,不像我","这既是优点又是缺点。缺点是关注范围广,花去很多时间研究四国并远东历史文化和文字,专注、专透一点的时间就少了。"①

汪德迈认为,跨文化研究重在"跨"上,超越各国的特殊性。今天,各学科的研究领域的可能性比以往大得多,如果只囿于国别文化或者国别文学,那就失去极为丰富的各文化之间的相互性历史。过去以为各文化从自身的萌芽生长,只满足于研究自身发展的历史。虽然我们有很优秀的专家,但不是总体文化上的文人,文化研究也变得局限。我们必须有一个来自外部文化的眼光,对被视为"通常"的现象进行研究,找出其中的"非通常性"。比如,研究中国文化,吸引汪德迈的是"五行"对中国思想的影响,尽管如今中国人对"五行"已熟视无睹;另一个吸引他的是中国文学的"文言性",它与西方文学的"口语性"恰恰相反,西方的文字是对口语的记录,而中国的文字却不是。比如中国的《诗经》中的《国风》,如何从口诵变成文言诗?有着共同语言起源的欧洲文学之间的"跨"是不明显的,因为口语与文字之间是没有断裂的。但与以占卜为起源的中国文字相较,它的口语与文字之间的断裂是决定

① 参见〔法〕金丝燕"跋——文化转场:汪德迈对中国思想的研究",〔法〕汪德迈:《中国思想的两种理性——占卜与表意》,〔法〕金丝燕译,第148页。

性的、独特的。重要的是以外来者的视野对此进行跨文化的研究。汪德迈在20世纪80年代提出“新汉文化圈”的概念，21世纪进一步提出“新汉字文化圈”，其根基就在于此。

“汉文化圈”的称呼来自一个灵感。1973年，谢和耐在巴黎第七大学做行政工作，出于工作方便，他把东亚系语言教学涵盖的中国、越南、朝鲜、日本称为“Pays sinisés”即被中国化的国家，汪德迈借用此词，将它纯粹的行政意义扩大为研究视野，把年轻时就关注的日本、越南、朝鲜和中国四国的历史文化与中国文字文化总结概括为“汉字文化圈”，使汉学研究突破国别研究，建立跨文化研究框架。汪德迈认为，国别研究是需要的，历史上有很多优秀学者，学问极深，但不建桥梁，不关注专科之外所发生的历史。他的工作则只是建立“一座桥”，不满足于国别文化隔海相望或者望洋兴叹，而是要探究中国文化如何通过文字覆盖东亚。欧洲文化的核心是地中海的古希腊-拉丁文化。同样，中国文化在中国周边国家如日本、越南、朝鲜的历史上起到核心的作用，而核心的核心是汉字。“汉字文化圈”这一概念很好地再现了这一地区国家的文化发展踪迹。为了让这一座桥梁成为可能，光有思想是不够的，汪德迈还学日语和越南语。

与各国学者的交流是多主题的、广泛的。在越南，他与越南的汉学家切磋中国文字和越南文化历史。1951—1954年，他在西贡，1956—1958年，在河内。在河内的时候，由于越南当时反殖民，汪德迈只能说越南语，尽管越南人都会说法语。

1958年，他到日本京都，只能说日语，倒不是因为反殖民，而是因为日本人不说法语。当时中国和法国没有建立外交关系，汪德迈只能去日本学汉学。在那里，他与日本的越南学专家切磋中国文字对越南的影响，与日本的汉学家探讨中国文字对日本的影响。

在法国，他和谢和耐的讨论，通常集中在新儒学问题上。谢和耐主要研究佛学，当选为法兰西公学院教授后，开设了关于新儒学的一门课，他与汪德迈两人的学术磋商很多，成为好友。

1961年，汪德迈去香港求学。在香港的三年，他师从饶宗颐，是为了完成戴密微给学生汪德迈的任务：戴密微接到饶宗颐的《殷代贞卜人物通考》（*Oracle Bone Diviners of the Yin Dynasty,* Hong Kong University Press, 1959），感到很赞叹，要求自己的学生汪德迈写一份关于饶宗颐此书的学术报告，而汪德迈没学过甲骨文，于是赴香港，开始了在饶宗颐身边学习甲骨文的三年课程，从《说文解字》起步，进入甲骨文研究领域。

时隔近六十年之后，2019年3月20日，法兰西学院院士、印度学专家佛辽若（Pierre-Sylvain Filliozat）教授回忆当年见到年轻的汪德迈随饶宗颐去印度，与佛辽若一家会合的情形。佛辽若父亲时任法国驻印度远东学院院长，给远东学院的年轻学者汪德迈一笔学术经费，让他得以陪同饶宗颐前往。“我看到当年饶宗颐怎样给汪德迈上课。他就像印度博学的教者，上课不用书稿资料，全在脑子里记着。口说滔滔。学问深不见底。”

关于当年印度之行，2017年9月汪德迈在香港对我说：“我们走了三个月，去了印度、斯里兰卡、柬埔寨和泰国。在印度，我们可能在佛辽若父亲家住了一周。我们首先去佛教的重要古迹普那，坐长途汽车去，发大水，车开不了，离车站还有百步远。我们全都下车蹚水步行。我个子高，就在脖子上扛着饶宗颐走。他回到香港后画了一幅画，他在我肩上。搬迁多次，画不知到哪里去了。一路上，他继续给我上课。我在那里的时候，200公里外是机场。到机场去取信件。我随车去，一路都是小寺院，很漂亮。天热，人不出来。之间各家母牛踏着屋舍的阶梯进屋。母牛是当地的居民。别无任何一个人。望过去一片母牛的世界，很超现实。”

汪德迈汉文化圈思想的形成经历几个阶段：

一、“新汉文化圈”的复兴（第一阶段：1970—1990）

1981—1984年，汪德迈再度去日本，赴任日佛会馆馆长，当时法国被日本人称为“佛国”。日本的学术环境很好，汪德迈与日本的汉学家而非历史学家交往密切，与日本的越南学家讨论，后者的研究很出色，但目的是研究日本对越南可能的影响。东京任职期间，汪德迈写成法文版的《新汉文化圈》（*Le nouveau Monde sinisé*, Paris: PUF, perspectives internationales）一书，1986年在巴黎大学出版社“国际视野”丛书中出版。此书随即由汪德迈的好朋友、社会学家福镰忠恕（Fukukama）译成日文，由大修馆书店出版，1987年在东京发行。1990年陈彦将此书法文版译成中文，1993年由江西人民出版社出版。

这一阶段，汪德迈首先提出“新汉文化圈”的概念。他在《新汉文化圈》的序言中指出，亚洲受中国文化影响的区域为“汉文化国家”，它们的内聚力十分强大，具有鲜明的特点，根基是汉字。所谓“汉文化圈”，应该是“汉字的同一”的区域。这一观点在二十余年后的2013年出版的汪德迈的新著中有更深入的论证。

汪德迈从社会经济机制所体现的经济活力、汉文化圈国家的相同发展结构、政治关系、汉字的遗产和儒教社会的演化几个角度入手，探讨“汉文化圈”复兴的可能性。他认为，汉文化圈的语言、儒家性质的社会形式和思想三方面的共同点远远超过分歧点，文化一致性使得汉文化圈具有特殊的协同作用：“汉文化圈和谐统一恢复的诸要素，较之使它分裂的诸要素要强大得多。”

汉文化圈的文化一致性在如下三个层面有着特殊作用：

“首先，语言层面。操任何汉字语言的人都可以通过汉字毫不费力地弄懂其他汉字语言。过去作为古典文化传播媒介的汉字，由于大量的吸收消化工作（主要在日本），如今汉字已获得了表达新文化的能力，从而成为先进文化的传播媒介。”①

“文化的一致性同样也表现于第二个层面，那种共有的浸透了儒家传统的社会形式上。从各种人际交往方式上看，这一层面代表一个非政治的侧面，一个可以抵消意识形态上的两极对抗的侧面。通过各国之间的接触影响，可以使汉文化各国以同样的方式来解决工业文明所带来的问题。”②

“第三个层面自然是思想层面，这一层面使我们又回到关于中国文化及其与远东各民族文化相关性的整个宏观图景上去，本来是不应该在这里重新提起的。这里仅划出几条粗犷的线。同样的诗的思想给予世界以同样的美的审视，情感因而获得深沉的相通。”③

---

①〔法〕汪德迈：《新汉文化圈》，陈彦译，江西人民出版社1993年版，第148页。

② 同上书，第149页。

③ 同上。

(一)汉文化圈文化一致性的要素一:语言

1986年,汪德迈的视野已经很前沿,他认为大西洋地区保持了近五百年的优势,而这将向太平洋地区转移。他提出:“汉文化圈是否带有特殊的动力机制获得复兴?”并认为“正是从这一前景出发,关于世界的优势将由保持了近五百年之久的大西洋地区向太平洋地区转移的观点才真正显示其意义。”①

汪德迈看到中国这条大龙只是暂时在轻量级的小龙后面,我们在此要提出的仅仅是亚洲“四小龙”何时赶上日本,中国何时成为一个强国的问题。当然这后一点似乎还十分遥远,中国目前甚至还没有达到新工业国的水平。“同日本经济发展之速相比,中国经济在前30年发展显得十分缓慢。在此期间,中国与世界先进国家间的差距甚至加大了。但是,中国经济目前正在加快速度,并可望在最近的30年中大大减小与其他国家的差距。当然这仅仅是一个估计,需要历史来确认。然而,什么样的估计更为合理呢?是从汉文化圈诸国和地区的整体分析而来的估计,还是像我们经常做的那样,仅仅从意识形态观念出发,只将中国看成一个一般的半发展国家而得出的关于中国将来的估计呢?一切都使我们相信,在现代化的道路上,‘这条大龙’虽然被‘四条小龙’甩开了一段距离,但大龙并非因其无力而最后放弃斗争的权利,只不过属轻量级的

① 〔法〕汪德迈:《新汉文化圈》,陈彦译,第4页。

小龙们在起跑时暂时冲到了前面。”①

整个汉文化圈尽管看似有差别，却有着深刻的共同点。其间各国将会更加接近并形成很有活力的经济体。而汉字在承担历史、稳定精神、促进中国社会对西方文化的接受上是一个奇迹：“谁会看不到汉字对普及来自另外世界的知识的雄厚力量呢？而且，汉字因袭着传统思想的重负，在稳定精神，保持过去的连续性（这一过去不是被扫除了而是发生了嬗变）的同时，还大大促进了中国社会对西方文化的适应，这不能不说是一个奇迹。当然不经历孕育着新生的阵痛，这个嬗变就不会发生，也不会如我们正看到的一样，继续发展。汉文化圈诸国是唯一非西方文化之国，能够承受分娩阵痛而不造成母亲的死亡。”②

（二）汉文化圈文化一致性要素二：礼治与群体的社会形式

汪德迈问道：“实现现代化是否一定要全盘西化？”他没有直接回答这一问题。而是从中国礼治传统与社会群体主义入手，探讨中国的礼治传统与西方的法治传统两种社会机制的不同。其中，中国的礼治传统以不干预的礼治主义为特征。

而法家的理论是中国历史上唯一通过万能的刑法治国的极权主义模式，但被推翻后在中国的历史中一直未重建，“毫无疑问，因之而成为人类历史上最为发达的极权主义模式。这一体系很快被

① 〔法〕汪德迈：《新汉文化圈》，陈彦译，第34页。

② 同上书，第104页。

推翻而一直未再重建。实际上，历史上中国或其他汉文化国家所经历过的各种不同的政权形式总是按照不同比例的礼治与法治的结合，但同现代欧洲各国政权相比，其最终的统治方法显然是多一些不干预主义，少一些极权主义。中国刑法发达，唐律比欧洲中世纪的任何法典都完善得多。"①

汪德迈认为，中国的官僚系统具有自我调节机制，科举制度和监察制度得以确立的基础正是礼治。中国的发展变得越来越独特："这一独特性正是植根于二千多年来的群体主义熏陶下的社会心态，植根于与西方法律个人主义毫不逊色的高度发展的礼治主义"。②汪德迈将礼治的意义概括为三点：

"礼可以是：一、按照自己内在法则运行的所有宇宙运动的形式；二、同宇宙运动形式相一致，旨在调节人际关系的由各种仪式所规定的人类行为模式，如婚姻、丧葬、诞庆、祖先崇拜，等等；三、以上模式指导下的日常生活模式。实际来讲，人们一般是在后两种意义上谈论礼，指符合礼治道德的人的行为。"③

这样的礼治思想给人以空间，是一种人道主义："所以人的神圣不是人的个性，而是人的'有义'的社会性。这即是说是社会给个人以存在的意义而不是相反。在这里，社会关系的两极分布正好与我们所知的西方传统，尤其是基督教传统相反，后者通过灵魂的神学来宣扬人的个性。由于同西方的个人人道主义相反，儒家思想对我们说来似乎是有消极意义的。其实儒家思想不仅不消极，而且是积极

① 〔法〕汪德迈：《新汉文化圈》，陈彦译，第133页。
② 同上书，第142页。
③ 同上书，第123页。

的，但它是另一种人道主义，它将人提到自然万物之首的位置。”①

（三）汉文化圈文化一致性要素三：思想的纯宇宙化

正是看到中国思想中人与自然万物之关系，汪德迈提出中国的纯宇宙论：“儒教群体主义的一个明显的特点是其不带任何宗教信仰色彩。自孔子时代（公元前551—前479年）起，中国古代宗教就已失去其超度作用而转变成为一种纯宇宙论。儒家将社会组织原则道德规范都看作是同宇宙结构、阴阳转化、天地对应、四季变换一样的自然规律，儒家伦理摈弃所有形而上学的目的论，将形而上学的问题留给佛教。儒家的唯一的终极目的就是实现社会的和谐——宇宙和谐在人世间的影子。”②

将宇宙道德化并与社会组织原则相应是儒家世界观所致力的理想。这在汉文化圈各国都是鲜明的标志，汉文化圈和谐统一恢复的诸要素，较之使它分裂的诸要素要强大得多：“群体主义精神持续存在于汉文化诸国和地区的第一个标志是迷漫于这些国家和地区的那种社会氛围，这种社会远较西方社会严密，它实际上是一张由各种关系编织起来的凝聚力很强的严密的网，这张网不是按照自愿的原则编织起来的，而是由左邻右舍，职业活动，孩子在同一学堂学习以及自然少不了的家庭等因素强加给人们的。”③

---

① 〔法〕汪德迈：《新汉文化圈》，陈彦译，第112—113页。
② 同上书，第116页。
③ 同上书，第117页。

汪德迈预言："从文化上看，一种与西方相媲美的文明将伴随着新汉文化圈的出现屹立于世，它将在经济、科学技术等成就上与西方鼎足而立，但所依据的价值体系、社会意识、世界观念则独具特点。与300年来西方独尊地位所创造的神话相反，发达与西化之间并不存在完全的一致。汉文化也许是世界上最难渗入的非西方文化，我们对此并无充分准备，而且，从汉文化世界而来的接近我们的努力，使我们忘记了还需要努力开辟通向他们的道路。"①

他认为，汉文化圈的实力将不可避免地导致整个世界引力中心的转移，这在政治上、经济上、文化上有特殊的意义。因此，"必须行动起来。明天将不再是不发达的第三世界，而是一个发达的第三世界；后天也许就是世界的一半成了非西方的。仅仅作某种对话姿态是不够的，必须进行真正的对话。"②

因此，汪德迈问："我们今天的世界，对这个文化圈将在明天世界上所起的作用，作何期待呢？"③20世纪80年代，汪德迈的问是孤寂的，没有回音的。

三十多年后，此书修订本于2004年由巴黎友丰书店再版。

二、"新汉文化圈"的基石（第二阶段：1990—2013）

这一阶段的汪德迈，更注重中国文字与中国思想的关系。由文字学进入中国学研究，由古文字学看中国思想的形成，提出中国

① 〔法〕汪德迈：《新汉文化圈》，陈彦译，第152页。

② 同上。

③ 同上书，第150页。

思想的占卜学思维特性及其宇宙而上的维度。1986年出版的《新汉文化圈》从该区域国家的独特增长活力入手，以相同的社会结构、之间的关系以及共同文化遗产包括汉字为重点。而到了2013年，汪德迈的“汉文化圈”研究大大发展了汉字在文化中的作用这一部分，从他的甲骨文专业出发，以中西跨文化的角度，探讨汉字对中国思想和文化的决定性影响。

2013年出版的论著《中国思想的两种理性——占卜与表意》代表了汪德迈“汉文化圈”思想的进一步深入。该书题词献给汪德迈的三位导师：饶宗颐、戴密微和内田智雄。他们三位分别在甲骨文、汉学和中国法律史方面引领20世纪60—70年代的汪德迈。

汪德迈直接从他的研究领域甲骨文占卜学出发，深入探讨中国思想起源。汪德迈认为21世纪中国能够以它的悠久而丰富的思想与经验为世界寻求新的社会模式提供参照。中国思想源于中国文字，中国文字的起源为占卜，占卜对中国思想模式的形成起到决定性作用。由此导致中国文字与西方拼音文字的根本不同。汪德迈指出，中国文字的科学性起源，是非自然语言，举世无双。科学性在哪里呢？汪德迈从中国甲骨占卜的特殊性入手，论中国思维之源：准科学性的占卜学。在《中国思想的两种理性——占卜与表意》一书中，汪德迈首先从四个层面勾勒中国“从占卜到表形，从表形到占卜”的阶段：从骨相到甲骨占卜，再到表形文字的创造，直至中国文字的创造。

在本书汉译本第八章中，汪先生提出，中国文学修辞学的关键乃体系化的互为文本性，通过引文、古典等办法，各作者的文章互相交流，与西方另置注的做法不同，中国文本承继传统将注与疏同置，这是中国文言互为文本性的结果。

汪德迈认为中国文学的起源独一无二，来自占卜学之“文”，为表意-表形文字，是地球上独一无二的非自然语言，具有高度的抽象性和科学性。它与占卜学起源对中国思想有着决定性的影响。他提出：“在中国文言里，逻各斯幻象不是话语的幻象，而是中国文化特有的“文”这个表意字，它没有实体化为对某一创始者的记写，而成为道，事物之象理的超现象投射。对发萌于萨满、与宇宙而非人神合一的中国世界观来说，创世的思想是陌生的。在那里，道是超自然的理性，只有圣者（初始为萨满师）直接入之，它由龟占与蓍草数字占所得诸象，通过相关性类比显示。”[①]论及于此，汪先生为汉译本点出一句：“这就是‘卜’璺以及含着‘卜’璺的超越性的文言。”他在西方汉学史上，首次提出中国“文”之“言”具有超验性。

汪德迈将自然语言与中国的非自然语言作对比，认为自然语言笔录口语，而文言书写文字，因而造成两种写本的巨大差异。前者把词语当作现实的“逻各斯幻象”，话语通过文字实体化。实体化在人格化的神学中得到伸展。而在中国的“文”之“言”中，没有话语的幻象，而是“文”之道，事物之象理的超现象投射。

由此产生汪德迈的一个重要论点，中国文字的神话性起源是人为假设的。他在本书第八章论到：“根据有关中国‘文’理的奠基著作《说文解字》，如我们所见，在假设的文言史——即圣帝伏羲‘仰则观象于天，俯则观法于地，视鸟兽之文，与地之宜，近取诸身，远取诸物’，直入物理而创的占卦——里面，表意字为最初形式。第二位圣帝神农由此雏形发展出结绳制以统其事；随后，第三

① 〔法〕汪德迈：《中国思想的两种理性——占卜与表意》，〔法〕金丝燕译，第105—106页。

位圣帝黄帝之史仓颉，将卦象与鸟兽蹄迒之迹相应，分理之可相别异，初造书契。神话扭曲了中国文字与殷代卜兆的真正传承关系，它有意将蓍占而非骨占作为该文字的起源。”①汪德迈直接指出，自周以降，中国史官将殷商在中国文字起源上的贡献消隐了。这一点是汪德迈中国学研究中突破的重点。

汪德迈所阐述的重要观点将提醒汉学界的研究者们。该书“导论”谈到萨满教的魔力思想信仰被理性化为占卜学，而西方的神父们努力将信仰理性地化为神学，作者为汉译本加注：“这一不可见的灵力是自然而上——超自然的，而非形而上的。它与宇宙相关。”在与西方的比较研究中，汪先生提出一个重要概念：中国思想的宇宙相关性，它是宇宙而上的，不是形而上的。这一论题是整部书的核心，之前鲜有人言。现代以降，中国叹中国哲学无“形而上”之超验性者众，但未有言中国思想非重“形”因果但重“宇宙性”者。

汪德迈在第一阶段提出了中国礼治传统和社会群体与西方的法治传统两种社会机制的不同。在第二阶段，他对该论题作了深入的展开和论证。

中国文字与思想的宇宙而上性决定了中国文化中人与社会的关系：人面对的是宇宙，而非社会。因而中国社会不重法制，不需要神父类宗教。汪先生为汉译本加入如下论断，道教否定儒家礼制，推崇回归大自然，而儒家修正大自然，通过礼仪建立一个人性的道德的自然（根据天人合一的道理，它本身是大自然的发展）。

---

① 〔法〕汪德迈：《中国思想的两种理性——占卜与表意》，〔法〕金丝燕译，第105—106页。

三、"新汉字文化圈"：基于语言、社会与存在三层面的中国学研究观（第三阶段：2013—2019）

关于"汉文化圈"的思考，汪德迈的思路是清晰的。第一阶段是1986年出版的《新汉文化圈》，重点从现实、从该区域国家的独特增长活力入手，提出了区域国家共同的文化遗产包括汉字的观点。第二阶段是2013年出版的《中国思想的两种理性——占卜与表意》注重汉字在文化中的作用对中国思想和文化的宇宙而上的影响。2019年的新著《中国教给我们什么——在语言、社会与存在方面》从"新汉文化圈"的框架出发，整体性地探讨中国对世界的意义。从"新汉文化圈"到"新汉字文化圈"名称的变化体现了汪德迈中国学研究思想的发展脉络。第三阶段以《中国教给我们什么——在语言、社会与存在方面》为标志。

《中国教给我们什么——在语言、社会与存在方面》是2015年8月在敦煌沙漠里蓝天之下发的愿。与《中国思想的两种理性——占卜与表意》的汉译稍稍不同的是，前者的完稿与汉译有前有后，当然也有同步进行时。《中国教给我们什么——在语言、社会与存在方面》的汉译与作者的法文著述写作则几乎同时进行。

汪德迈在这本书中，简要、深刻地从语言、社会与存在三个方面阐述他的中国学研究观。作者强调他的中国学思路，是去发现属于世界文化共有的中国文化特殊的根基："注意避免将这一特性相对化，那些似是而非的普遍性不过是没有价值的共通点，诸如所有人‘用两条腿走路’之类。”[①]而写此书，就是要探究中国文化的特殊性里所遇到的一种普遍真实。

在语言学层面，汪德迈指出，中国语言最显著的特殊性是举世无双的文字，语言的交流功能和思辨功能的普遍双重性清晰显现。而这一普遍的双重性本来是所有语言的基础，在拼音文字里就被书写与口语的混合而不再显现。书中讨论六个要点：

1. 中国文字的出现，完全不是为了交流，而是要记录由专职官员所施行的占卜活动，占卜性准科学以易学闻名，中国的文字历史体现的是一种导致占卜学的思想，即思辨性的思想，后者纠正言语完善的过程。如果这一改造在中国的情形里远比在其他地方更凸显，那是因为它在中国的文化里。而自19世纪以降，中国吸收了西方思想形式，后者由书写口语的文字所承载。

2. 文言作为超越交流口语用途的文字而被构建成一种思辨的，即纯粹探究性的、超越实用性的思考工具。西方思想依靠“话语学”（logique，逻辑）运作，而中国思想则发展成“文字学”（grammatique）。

3. 在西方文化里，思辨性思想从话语的而后形成的拼音文字的形式里提炼出交流性语言，以期从中提取概念性语言的精华。中国思辨性话语则完全不同，是通过隐喻，要在根本意上（不是在语法上，而是在话语的语言性“文”之含义上）去定义中国“文言”性思辨话语。中国的逻辑是一种“表意性”逻辑，完全以另一种方式使语言运行，而非亚里士多德的“话语”逻辑。

① 〔法〕汪德迈：《中国教给我们什么——在语言、社会与存在方面》，〔法〕金丝燕译，第1页。

4. 字法[①]与话语逻辑的根本分歧在于逻辑依靠话语准确的语法秩序、通过词形变化来表述；而“文”的语法依靠的是文字的词义，用形旁和声旁来表示，声旁同时带有语义。这一潜在的语义结构使得起源于占卜兆纹的文字成为带有揭示事物“形而上”含义的述行性文字。中国的思辨性是关联性的，而非假设-演绎的推理。

5. 公元前15—前13世纪发展起来的中国表意文字，作为概念形式，属于思辨漫长发展的一个阶段。由此产生的笔画构字法在中国还是确保了科技的发展直至近代，“完全无须羡慕西方所有孕育于经院式逻辑的科技发展”。

6. 美学维度是中国文字的精髓，《文心雕龙》之于中国文法堪比亚里士多德的《工具篇》之于古希腊的逻辑学。表意文字的文学是最美的，刘勰对之有生动精到的妙言：“龙凤以藻绘呈瑞，虎豹以炳蔚凝姿；云霞雕色，有逾画工之妙；草木贲华，无待锦匠之奇。”中国思想家们用文学方式进行表述，中国文化不发展特殊的哲学体裁。

在中国特殊的社会形态层面，汪德迈的思想有所深入。他在第一阶段提出西方的“社团主义”与中国社会的基石“家庭哲学”截然不同，但没有展开。在第二阶段，他没有论及。在第三阶段，他则进行了深入阐述。在社会组织层面，汪德迈不认同汉学界同行的唯物主义史学观，他认为中国一切制度的起源与演变都建立在中国特有的生产关系观念之上，在中国社会，是生产关系观念指导生产方式。他指出唯物主义历史学家认为生产方式主导生产关

① “Grammatique”即“文字学”，汪德迈受高本汉（Bernhard Karlgren, 1889—1978）的《古汉文辞典》（*Grammata Serica Recensa*, Museum of Far Eastern Antiquities, 1957, 1972）一书书名的启发。

系是错误的。中国历史证实了人是根据思想进行社会性组织的。其要点有：

1.依据礼仪形成生产关系。占卜学理性在宇宙学的伸延中将古代中国引向礼仪化。

2.通过使社会结构与宇宙结构相应、通过使社会的运行和四季阴阳运行一样和谐，让社会向礼仪折腰。

3.国家官员而非领主负责督查土地的分配。因此，领主与养活他的农民之间有专员作中间人的社会关系，可以用孟子的“仁”之精神得到升华，而非生硬的主奴关系。

4.中国生产关系模式和希腊罗马世界奴隶的模式，即被法律认可，由主人作为货物买卖，两者完全没有可比性。中国模式为历时两千多年的中央帝国建立的政治社会双重架构，即主流意识形态的土地农业官僚权力和知识分子的文官权力。

5.公田共耕制被初税亩制取代（税，形声字，从禾，兑声，意为割取），农民体力劳动税制化在齐鲁广泛施行并遍及各诸侯国，农民劳动社会生产方式的物质化的后果是，国家劳心者阶层士大夫不再为自己国家服务，开始向其他强盛的诸侯国推荐自己的才能。由此萌发游士辅佐的有偿服务之萌芽。

6.在周代后半世四分五裂的中国，文人起着推动政治社会变革的驱动作用，而不是马克思主义所期待的农民，亦非传统编年史置于首要地位的诸侯。

7.孔子非凡的历史高度是由于他在推动中国从古代文化到古典文化的过渡中起到重要的推动作用。他独自一人突破原先由中央集权文化治理占卜文字的局限，开启了这一过渡。孔子认为自己有责任修正整个王权机制的书写传承，并大力冲破这一中央集权。

8.地主阶层土地所有制与文人阶层意识形态权力所有制形成，废除井田制促使土地所有权的产生。名田受长足发展的贸易商品化所推动，成为贸易对象。但源自普天之下皆为王土的初始公田概念从未被名田的私有化所抹去，而在农业社会生产商品化所导致的国家机器的弱化的同时，又在行政方面通过国家意识形态的强化得到很大平衡。

9.官员科举制度产生，直到1905年一直是中华帝国的选官制度。在近一千三百年的历史中，科举制度不断按儒家思想方式进行完善，不断强化文人阶层在皇朝体制中比皇权更为深入的作用。韦伯以来的学者主观地将之混同于官僚制度，其实两者完全不同。“韦伯们”认为，官僚组织制度是通过具体事情、行政组织而进行的人类行政组织化。这是中国生产模式的商品化第一阶段导致法家制的倾向。但是，文人官僚制则完全相反，将体制中儒家思想精华的力量进行到了极致。

10.罗马的财产所有制征服了世界，而中国则通过科举制广泛建学校，从中世纪时期在朝鲜、越南、日本建学校，到现代时期在西方建学校。从英国建立东印度公司开始，整个欧洲沿用这一考试制度选拔人才。

11.中国古代社会所形成的机构体制与欧洲奴隶制、封建制、资本主义的社会形态相去甚远，而人们通常不完整地将西方有关词汇用于翻译中国社会形态，造成混淆。秦始皇时期的罪奴制度与古希腊、古罗马的生产关系机制完全不同。古希腊、古罗马奴隶制晚于中国的土地所有制，在中国，相应的发展时期是封建制。我们现在来看与之有着根本不同的欧洲封建制，比中国封建制大约要晚一千年。

12. 中国封建制建立在“宗法”上，以此强化中国封建权力，而欧洲的封建制建立在骑士即武士的价值上。在西方，封建性具有所有印欧社会的基本组织原则，即迪梅齐（Dumézil，1898—1986）在比较研究吠陀、古希腊和古罗马宗教后所指出的社会运作基本三功能性，即神、武士和生产者三功能性。而中国古代社会建立在文人阶层的劳心者治人和劳力者农民双重基本关系上。

13. 中国文人官僚阶层和韦伯意义上的官僚之间的区别，在于前者不属于纯行政性运作体系，完全脱离了行政功能。当选治国之才不再依据军事能力而是儒家思想道德价值。韦伯的官僚体系则相反，它追求一种纯运作性的官僚体系。

14. 科举制不是为了培养称职的官僚，相反，只是要录用真正的文人做文官。至于技术能力，它们并未被忽视，但只能通过实践可得。技术才能不是科举考试的门坎，在另一个值得注意的中国文人官僚机构，即御史台中，技术才能用来审查文官活动并影响文官升降，在西方的官僚制中不曾有过这种现象。

15. 大土地主阶层和文人阶层，两者形成中华帝国社会的基础。然而，文人阶层始终优越于大地主阶层，因为文人优越于农人；而正是这种知识拥有相对于物质财富的优越，使得中国历史上商品化不曾导向资本主义。尽管有商业、货币与技术以及制作业的发展，清代的中国却毫不羡慕工业革命前的欧洲。

16. 明代以降，与西方资本主义截然不同的是纯中国式的与中国文人阶层的混合。今天，这一混合体换了一个方式存在，由文人转变成知识分子，又从文人知识分子阶层转变成官僚高层。

在生存层面，作为儒学专家的汪德迈有独特的观点。他认为，中国特有的占卜学维度取代了最初的宗教思考维度，人的普世意义是“天人合一”。但儒家是通过礼仪的实践，而道家则是以通过人的解脱能力并顺应万物的自然运行为目的。书法基础上的水墨画更是生存与自然意念的诗化，源自纯中国宇宙学的世界观。

汪德迈首先从艺术着手论述。他认为，六朝出现中国特有的水墨画，而源自书法的水墨画与艺匠毫无关联，它为文人之属。因此，文人画非常接近文学构思，和后者一样，成为中国艺术理论家所谓之“写意”的另一种方式。这与古希腊画家宙克西斯（Zeuxis）的艺术相反，宙克西斯画葡萄，逼真得鸟群来涎食。与此完全相反的是，王维（701—761）的瀑布，李昭道（675—758）或董其昌（1555—1636）的山峦，马远（1160—1225）山岩顶上凝视四周的隐士，都是诗化自然。西方画家和中国画家，有关艺术作品的看法完全不同。西方画家沉浸在《圣经》的创造观念之中，再加上柏拉图的神造观，亚里士多德改为自然乃创造者之观念。由此，西方画家学习以模仿自然进行创造，坚信自己就是依照创造者上帝之像被创造的。而中国画家完全没有创造的意念，沉浸在与上天合一的意念里。他们的作品中所表达的是来自内心深处所感受的万物之含义（写意），而非通过“写真”表达。

在西方，它被柏拉图客观理想主义的哲学理论化，成为真实的观念实体，后者建构超验的精神世界，而感性世界则只是前者的影子。柏拉图以此推断出“回忆说”。而中国的禅宗与老庄道家融合，将事物的空性与语言本在之虚假所反映的现实幻象之虚相连。

汪德迈中国学研究有特殊的起源。我与汪德迈先生的缘分来自汤一介、乐黛云两位先生2003年来巴黎访学。作为乐先生的学生受命与汪德迈合作，参与《跨文化对话》杂志和“远近丛书”的编著。由此开始每周一次的学术工作坊，从无间断。在中国，我们在北京师范大学提供暑期国际访学，可以做到每日见一次面。

中国是跨文化研究新学科的发生地。创办者是汤一介、乐黛云、汪德迈，实现这一历史的是陈越光、王宁、程正民、董晓萍各位师长和他们的团队。

汪德迈汉文化圈思想的形成，建立在长时间、大框架的研究维度之上。汪德迈中国学思想经过三个阶段，以"汉文化圈""新汉文化圈"与"汉字文化圈"三个术语的变化开始，以中国文学的特殊起源结束。

正是如此穿行于跨文化的交往和思考中，汪德迈的跨文化研究的观点逐渐形成。《中国教给我们什么——在语言、社会与存在方面》第三部分的另一个特殊点是讨论中国式的超验性含义。西方思想将超越作为思辨的对象，它的性质是超越人以为通过自身的能力具有的认知。神学解决了这一矛盾，把上帝作为超验的三位一体，所造之人自然是有灵魂的，它的理性官能天生具有超验感。中国思想中展开的是另一种超验观，即超越感知形体，用"形而上"一语表述。中国占卜文化通过占卜学而非神学来拓展启示性。西方超验性本体的"当下"物质世界与"上天"的非物质世界之间是决裂的，中国的超验性有着同质而断裂的特性，现象层面的"形而下"和超感知现象的"形而上"共在。"形而上"在理性层面透过表征解释现象，形成宇宙学，代表内在性超越。内在性超越的概念将道德法则的宇宙化导入儒家思想。

这一宇宙道德化体现在中国语言的形而上特质上，以《庄子》的譬喻为代表。它与神话无关，神话制造任意想象的诠释，出于对远古的无知。而《庄子》的譬喻创造含义，将语言无法直接概念化的能指符号用来解释比喻性的所指。在这一意义上，汪德迈认为《庄子》超越了《道德经》，后者尚未从神话思想中完全解脱出来。庄子通过譬喻，也与儒家之圣“文”分道。

因此，汪德迈认为，柏拉图式的超验性是另一个世界的，洞穴之外的，而道家的超验性是内在性的，一如蛇在蛇皮里，知了在蝉蛹里那样。柏拉图思想最终导致康德的先验性哲学批评，而庄子的道家思想则导向佛教禅宗公案的超验性。《庄子》从形而上的角度思考事物形而下层面的无区别。汪德迈指出：“佛教以更绝对，更本体论的方式指出存在与非存在之间无区别，这就是禅宗超现实、超越普通语义的话语——重拾《庄子》的神秘话语——所展现的。”

汪德迈的学术思想具有跨文化视野，其研究达到六个突破点。

第一个突破点是从中国文字的起源出发研究中国思想。[①]汪德迈指出，中国文字的占卜性起源是准科学的、高度抽象化的过程，它决定了中国思想的关联性特点。汪德迈认为，中国儒家经典与《圣经》一样具有神圣性。但《圣经》的神圣性在于它是被上帝启示的文字，而儒家经典的神圣性在于它是文字本体意义上的启示性文字，即以书写语言（文言）捕捉事物的本质。

因此，儒家注疏把文本本义与文字结合，解读“微言大义”。《圣经》阐释学则相反，将本质含义与表面文字分开，使文本的语义发生裂变，以使文字背后的含义显露出来。正是文字本体性质的诠释使命让中国史官对文之所言极为重视，即“正名”的原则，甚至不惜为之捐躯。

---

① 〔法〕汪德迈：“启示性文字与被启示的文字——与《圣经》阐释学相对立的儒家注疏”，乐黛云、〔法〕李比雄主编：《跨文化对话》第22辑，第10—15页。

在文学写作上，西方文学与注重上帝意志的《圣经》一样，文本首先体现的是创作者的意志。作品的价值与作者的个性化程度成正比。在中国的作家文学中，如同注重文字本体诠释的儒家经典一样，作者为了释出书写本身①的力量而把个性化放在第二位，即使是最抒情的作品也采用无人称的形式。

汪德迈中国学的第二个突破点是关于汉字精神与中国思想的关系。他指出汉字精神是占卜性。他认为中西文化、思想之间的不同，不仅仅在于表意文字与字母文字相去甚远，还在于起源的不同。中国思想最初以一种极为讲究的占卜形式为导向，希腊-拉丁与犹太-基督教一方，思想最初以宗教信仰为导向。

汪德迈先生借用安德烈·马蒂耐（André Martinet，1908—1999）的观点，认为普通语言是两层意义的组合。第一层是话语流上形成的意义单位，第二层是以这些意义单位为基础所形成的语音符号单位。而中国文字起源为独一无二的“文”言形式，是一种创自武丁统治（公元前1250—前1192）时期的书写符号体系，其目的并非像所有其他文字——无论表意或拼音文字系统——那样去记录口语所言，而是用一种科学语言形式去记录占卜运行规则。占卜学不是去神奇地挖掘自然与被认定是操纵自然的超自然之间的契合，而是理性地研究自然现象之间的契合。它从卜相之间的关联入手，借结构性形态——逻辑之光，就现象本身之间的类

① 参见〔法〕汪德迈“从文字的创造到易经系统的形成——中国原始文化特有的占卜学”，乐黛云、〔法〕李比雄主编：《跨文化对话》第28辑，第183—192页；2010年9月在北京中国文化书院的讲演：“De la création des caractères chinois à la formation du *Yi-king*” (Séminaire de la sinologie française, septembre 2010 à l’Université de Pékin)。

式继续推进这一已经开始的思辨。中国思想里有着占卜语义性的深刻烙印。它对自然语言的语义性进行了彻底的重新组合。占卜师造出的占卜性语义更是彻底弃绝了自然语言的语义。因此，中国文字是有别于其他表意文字的特殊文字，是世界上举世无双的。汪德迈的结论是，中国的哲学思辨中的占卜学遗传因子一直存在。西方思想从神学思辨起点发展，而中国思想则是从占卜学思辨出发，中国传统的《易经》，正如西方传统的《圣经》，同样极大地影响了整个思想史。

汪德迈中国学的第三个突破点是关于"异托邦"方法。《跨文化对话》2009年第23辑方法论研究专栏刊登汪德迈的文章《我之汉学研究的方法论问题》，集中阐述了他的中国学方法论。他写道："就我而言，我越是想理解中国思想的精髓，因其特色总是让我着迷，我越是为中国和西方文化之间的对比备感惊讶。但是我并不从道教这条在线，而是从另一条在线努力寻找中西文化分歧的原因：即儒教的在线。道教的宗旨是通过摆脱所有对社会的介入而实现真人的理想，而儒教则相反，儒家主要关注的是社会秩序。"①

他提出的问题是，分歧从哪里开始，使得中国文化朝着礼治方向演变，而西方文化朝着法治方向发展？这是两种对行为进行规范的不同机制：中国是礼仪机制，而西方是法律机制。在他看来，中国思想和西方思想的分歧在于神学理性和占卜理性。前者是西方思想的杠杆，后者是中国文化的杠杆，是宇宙学。

汪德迈始终抓住中西的相异性作为研究视野，他借用福柯的

---

① 参见〔法〕汪德迈"我之汉学研究的方法论问题"，张新木译，乐黛云、〔法〕李比雄主编：《跨文化对话》第23辑，第209—214页。

术语“异托邦”概括他的汉学研究方法，认为研究不同文化的相同性，比较容易落入假问题框架。而相异性是研究者应该努力发掘的。

汪德迈的中国学第四个突破点是提出中国思想的形而上，即宇宙而上的观点。2016年9月在北京大学纪念汤一介先生逝世一周年的讨论会上，汪德迈发言，他的论文题目是《“形而上”与“物而上”两个概念，两种世界观》。他从最初出现于《易经·系辞》第十二章“形而上”概念入手，指出超越“形”者，与“形而下”相对。西方的“métaphysique”被译成“形而上”是很糟糕的，它导致对中国的超验性产生严重的曲解。该术语应该是“物理之外”“物而上”之意，指超越万物之本体。宇宙学源自将宇宙变化范式化的占卜学，阴阳五行内在于宇宙万物的规律。这一规律属于某种超越、占卜学的维度。它的运作，不在现实之外，而只是在我们所感知的维度之外，那是一种内在的超越。在史前中国的祭祀里，万物灵性的威力被诠释为宇宙至高无上的超自然，用“上”指宇宙之“帝”，以区别帝王之“帝”，非地面的君王。汪德迈认为，将“上帝”之词认作拟人化，是传教士们造成的一个误解。

而亚里士多德的“métaphysique”作为物理基础的研究，是通过推理而非占卜进行的。推理针对物理现象的诠释关键点，即研究其因果性。整个亚里士多德哲学的核心是他的四因论（动因、质料因、形式因与目的因），而“métaphysique”是对终极因的研究，通过终极因得以解释物理因果性，充溢创世概念以及神的概念。神人同形，源自人类因果性模式，是一种无限中通往有限的“超越形式”。因此，亚里士多德物而上之路是一条应用于物理基础研究的逻辑之路。

汪德迈指出，中国思想没有像古希腊思想那样从事物的规则里提炼出范例和因果性，而是从占卜象形结构（卜兆、蓍占）中提炼出关联性规则。与因果性不同，关联性在互相感应层面运作。“大学之道，在明明德”中的“德”指每一个人的本性均含来自宇宙的灵魂力量。而《易经》从知的角度重灵性的力量。“德”超自然。整个中国的“知”之哲学就在直觉“明德”的概念之上。

汪德迈中国学的第五个突破点是指出中国诗四言的来源应该是占卜方程的四项式。他提出中国文学的私人写作始作俑者为孔子。

汪德迈中国学的第六个突破点是质疑中国历史学殷商一段的官方观点。汪德迈首次提出，中国殷代文字起源的历史被周代有意抹去，取而代之的是文字创作的神话传说。他的问题是：为什么自《史记》以降，中国的历史学家们就不曾对这一刻意隐去作出过质疑？

汪德迈晚年的著作发蒙地都在中国。他最后一部著作产生于2018年4月。那时，他受北京师范大学跨文化研究院邀请前来授课。一天，汪德迈希望去著名历史学家钱穆1933年日日来紫禁城墙下写中国思想史的地方看看。我们根据钱穆在《八十忆双亲》中所写的细节，① 在面对劳动人民文化宫的故宫城墙前坐下。茶馆已经不知去向，草坪和大树作伴。我们坐了许久，想象那时

① 钱穆：《八十忆双亲 师友杂忆》，生活·读书·新知三联书店1998年版，第172页。原文如下：“其时余寓南池子汤锡予家，距太庙最近。庙侧有参天古柏两百株，散布在一大草坪上，景色幽茜。北部隔一御沟，即面对故宫之围墙。草坪上设有茶座，而游客甚稀。茶座侍者与余相稔，为余择一佳处，一藤椅，一小茶几，泡茶一壶。余去，或漫步，或偃卧，发思古幽情，一若惟此最相宜。余于午后去，必薄暮始归。”

的钱穆。忽然，冥想的寂静被打破："我的下一本书写中国文学的特殊起源。我为书写活着。导师饶宗颐90岁封笔，我要继续写下去。"

回到巴黎，汪德迈投入《中国文学，非凡的文学》一书的写作，开始了他的汉学第四阶段（2018—2021）。直到2021年10月17日心脏骤停。书稿在11天前与出版社最后审读完成。我们对他的第三阶段的研究在进行中。

汪德迈汉学的贡献是把汉学推向东亚汉学，回应21世纪大文明史的世界思考。同时突破法国汉学的传统：16世纪和17世纪的文化介绍，18世纪的佛学，19世纪的文字学、文学，20世纪的思想研究、汉文化圈。他不满足于做专家，不做日本式的学者，而要做架桥人。他说："伯希和是优秀的文字家，我是思想家。"在晚年，他总结自己的学问时说："要多提问题，不理会答案"。

结论　跨文化研究新学科的前景

建立三维度批评（内批评、外批评和整体批评）的当代史研究可以为其他语言系统的学者们就同一专题提供一个思考和真正对话的空间，逾越语言和文化的界限。文学批评是互动的，互动就意味着在各个不同语言的研究者之间，批评家与作家之间，文本与经常处于对立的文学方法之间建立空间，形成文化间的对话空间。

单向的工作会导致原文学国度与外国的研究者之间，写作者与批评者之间的脱节，各行其道，互相少有深入切磋，会面时或各说各的，或以语言差异为由拉开凌驾之势。中国以为有语言优势，西方以为有方法论的特长。中国经历了这样的脱节，今天的情形亦无根本改观。就此时此刻的中国和外国，如对法国而言，总不能把这一脱节归罪于政治因素吧？因此，如何衔接内外研究者的工作，促使双向的启发和思考是我们面临的第一个挑战。

与此脱节同在的却又是对“纯”西方的接受。西方理论越“纯”，被翻译和借用的可能就越大。这就出现一个矛盾现象：脱节与吸收共在。一方面，西方研究中国当代文学的论著大部分不为中国人所读、所译、所评述。另一方面，中国的翻译者火热地投身于对西方学者，尤其法国思想家、文学理论家著作的翻译引进之中。众多新书很快就被译成中文。北大演讲录就是很好的例子。新与现代性被连在一起，和20世纪20年代的情形一样。在热切的引进中，却存在对话的沉默。

沉默隐藏着不同的思想体系和方法的冲突。如何把“不同”“相异”转变成批评的沃土，这是我们面临的第二个挑战。

诚然，“纯”西方的方法和理论作为“启发”“更新”和“现代化”的作用在中国是非常需要的。但这些理论和方法均源自它自身的文化、语言与思想体系。将这些理论与方法在中国进行实践，尤其进行比较论证，这是一个微妙而丰富却被认作危险的“间”（inter）纬度。

这是中国当代文学批评面临的第三个挑战，也就是说，我们需要将历史、文本-词源和总体文学批评三种方法对中国当代文学与西方文本相遇的特质进行再审视。

再审视也针对中国当代文学与自身传统关系。与西方相遇而产生的中国新文学在何种程度上不由自主地打着传统的印记，它的传统根茎是如何导向文学演变的？西方在中国现当代主体性文学的形成中究竟发挥着什么作用？如何把“中国”的文学放到世界范畴去看以捕捉属于人类共性的文学关注，而非任种族、时间、空间的界限割裂的文学？中西对话在文学上何以可能？

中西相遇，是两个文明圈的会合。是握手？是撞击？是对话？取决于历史大环境和参与者的期待。第三次中西相遇，核心问题集中在自我身份与他者所代表的不同特性之间的关系上，也就是主体如何在与他者的相互认知中保持各自的主体性。倘若这一关系不能协调，第三次中西相遇便不可避免地遭遇前两次的命运。而今天，身处21世纪的我们，从根本上看，思想体系是19世纪的，思想方法是20世纪的。

“异托邦”所带有的异质性使中西两者产生文化距离，同时形成一个创造力和孕育力需要的空间。

第三次中西相遇中有两大因素是避免冲突的关键：一是在尊重各文化特殊性的前提下进行平等的跨文化对话，二是使跨文化对话具有真正的跨度和多元性，如加入非洲、拉丁美洲、亚洲、大洋洲等过去不被重视的不同文化。倘若人类真有普遍性，它应该来自丰富的特殊性。任何归化他者或拒绝他者的心情和做法只能剥夺它的特殊性，也就是摧毁它的普遍性。20世纪，中国曾试图按他者的标准建立新的世界，这样做的代价是自身的文明被轻视和否定。

人类历史上还没有抛弃自己的文化传统而获得成功发展的先例。西方16世纪的文艺复兴，有两个遥远的“理想国”：古希腊和中国。18世纪的启蒙运动，它的“理想国”参照系里，仍然有中国。在中国历史上四次著名的复古运动，同样是借古人之力改革今日。例外的是以“五四”为标志的新文化运动摈弃传统，向外寻求。这在中西历史上尚属首例。对它的影响的判断还需要时间。

中国的“理想国”形象在西方，始于16世纪。中国在中西第二次相遇的末期直至政治上的闭关，西方知识分子始终把中国高高置于遥远的当代“理想国”的祭台上，无论中国存在何种问题。而第三次相遇，中国从遥远的“理想国”祭台上走下来，接近西方。两者间的距离忽然消失，一个带有乌托邦之光的遥远的他者——“理想国”就在眼前，带有所有普通人身上的特点。面对“我”，西方知识分子也表现出一种失落。

跨文化对话何以可能？保持距离。在跨文化对话中，出发点不是国别的、区域的、民族的，而是多元的、社会的、人类的。既无保卫可言，亦尚不归化。人类文化有着不断演化的特殊性，认识他者以了解自己，在他者与我之“间”找到共同点，距离使互识和对话成为可能。

然而，众文化的“间”是微妙、困难的。人习惯于从他者身上寻求与自己的相同点，似乎只有这样，才能使人获得安全感。但把他者完全拉到自己的文化想象中去，他者的特殊性就被剥夺或同化。

知识分子在东西方的相遇中，如何保持自己的文化价值？如西方思想体系本质上的人化自然、人与自然的对立，又如中国思想体系的根本要素：天人共和。与他者的对话在放弃自己的文化价值的前提下，何以可能？历史是否为我们提供了答案？

回到本位，即超越人间的逻辑——政治、社会、信念、精神，通过诗——人类内心的王国——的艺术与形而上的思辨[①]去诠释世界，认识人类。人类各文化之间的互识意义或许就在于此。

① 参见Julien Benda, *La Trahison des Clercs*, Paris: Grasset, 2003。

跋

研究不是奋力追出来的，而是举手投足之间落成的文字。研究是呼吸。

多重文化的相遇、对话使这一呼吸的维度变得丰富。

老北大的传统是无论上什么课，都要写教案，之后成书。此书的形成源自多重维度和这一呼吸传统。